Rua Luciano Cordeiro, 123-2.º Esq. – 1069-157 LISBOA
Telef. 21 319 02 40 – Fax: 21 319 02 49

CLÁSSICOS GREGOS E LATINOS

Rio profundo, os padrões e valores da cultura greco-latina estão subjacentes ao pensar e sentir do mundo hodierno. Modelaram a Europa, primeiro, e enformam hoje a cultura ocidental, do ponto de vista literário, artístico, científico, filosófico e mesmo político. Daí poder dizer-se que, em muitos aspectos, em especial no campo das actividades intelectuais e espirituais, a nossa cultura é, de certo modo, a continuação da dos Gregos e Romanos. Se outros factores contribuíram para a sua formação, a influência dos ideais e valores desses dois povos é preponderante e decisiva. Não conseguimos hoje estudar e compreender plenamente a cultura do mundo ocidental, ao longo dos tempos, sem o conhecimento dos textos que a Grécia e Roma nos legaram. É esse o objectivo desta colecção: dar ao público de língua portuguesa, em traduções cuidadas e no máximo fiéis, as obras dos autores gregos e latinos que, sobrepondo-se aos condicionalismos do tempo e, quantas vezes, aos acasos da transmissão, chegaram até nós.

CLÁSSICOS GREGOS E LATINOS

Colecção elaborada sob supervisão
do Instituto de Estudos Clássicos da Faculdade de Letras
da Universidade de Coimbra
com a colaboração
da Associação Portuguesa de Estudos Clássicos

TÍTULOS PUBLICADOS:

1. AS AVES, de Aristófanes
2. LAQUES, de Platão
3. AS CATILINÁRIAS, de Cícero
4. ORESTEIA, de Ésquilo
5. REI ÉDIPO, de Sófocles
6. O BANQUETE, de Platão
7. PROMETEU AGRILHOADO, de Ésquilo
8. GÓRGIAS, de Platão
9. AS BACANTES, de Eurípides
10. ANFITRIÃO, de Plauto
11. HISTÓRIAS - Livro I, de Heródoto
12. O EUNUCO, de Terêncio
13. AS TROIANAS, de Eurípides
14. AS RÃS, de Aristófanes
15. HISTÓRIAS - Livro III, de Heródoto
16. APOLOGIA DE SÓCRATES • CRÍTON, de Platão
17. FEDRO, de Platão
18. PERSAS, de Ésquilo
19. FORMIÃO, de Terêncio
20. EPÍDICO, de Plauto
21. HÍPIAS MENOR, de Platão
22. A COMÉDIA DA MARMITA, de Plauto
23. EPIGRAMAS - Vol. I, de Marcial
24. HÍPIAS MAIOR, de Platão
25. HISTÓRIAS - Livro VI, de Heródoto
26. EPIGRAMAS - Vol. II, de Marcial
27. OS HERACLIDAS, de Eurípides

EPIGRAMAS
Vol. II

Epigrammata Martialis

© Cristina de Sousa Pimentel (Introdução e notas)
Delfim Ferreira Leão (tradução do *Livro IV*),
Paulo Sérgio Ferreira (tradução do Livro V),
José Luís Brandão (tradução do *Livro VI*),
e Edições 70

Capa do departamento Gráfico de Edições 70
Na capa: cabeça da estátua de Augusto
da "Prima Porta", Séc I a.C.

Depósito legal n.º 149615/00

ISBN 972-44-1070-6

Todos os direitos reservados para a língua portuguesa por
Edições 70 , Lda– Lisboa –Portugal

EDIÇÕES 70, LDA.
Rua Luciano Cordeiro, 123 - 2.º Esq.º – 1069-157 LISBOA / Portugal
Telef.: 213 190 240
Fax: 213 190 249

Esta obra está protegida pela lei. Não pode ser reproduzida
no todo ou em parte, qualquer que seja o modo utilizado,
incluindo fotocópia e xerocópia, sem prévia autorização do Editor.
Qualquer transgressão à Lei dos Direitos do Autor será passível de
procedimento judicial.

MARCIAL

EPIGRAMAS
Vol. II

edições 70

Nota Prévia

A presente tradução dos Livros IV, V e VI dos Epigramas *de Marcial toma como texto de referência a edição de D. R. Shackleton Bailey,* M. Valerii Martialis Epigrammata *(Stuttgart, Teubner, 1990). Pontualmente recorremos às edições de H. J. Izaac,* Martial. Épigrammes *(Paris, Les Belles Lettres, 1930-1933), G. Norcio,* Epigrammi di Marco Valerio Marziale *(Torino, Unione Tipografico-Editrice Torinese, 1980) e P. Howell,* Martial. Epigrams V *(Warminster, Aris & Phillips, 1995).*

A tradução deve-se a três docentes da Universidade de Coimbra: a do Livro IV *é da responsabilidade de Delfim Ferreira Leão; a do* Livro V, *de Paulo Sérgio Ferreira; a do* Livro VI, *de José Luís Brandão. A introdução e as notas são de Cristina de Sousa Pimentel, da Universidade de Lisboa.*

Ao Doutor Walter de Medeiros, a quem esta edição tanto deve, agradecemos, uma vez mais, a atenção, a sensibilidade literária e linguística, a muita amizade e o muito saber.

INTRODUÇÃO

Editados entre os anos 88 e 90, os três livros dos *Epigramas* de Marcial que agora apresentamos revelam-se, na sua arquitectura interna, sabiamente construídos para conseguir o objectivo que o poeta tem em mente: obter o apoio de quem manda ou tem influência, em especial o imperador, Domiciano, e os que o rodeiam. Para tal, Marcial aposta no encómio da época de que o último dos Flávios é obreiro e na propaganda das directrizes políticas por que Roma se regia.

O livro IV principia com um epigrama que celebra o aniversário do imperador, louvor a que se associa a divulgação elogiosa de algumas das suas medidas culturais e religiosas. Tal circunstância transforma, na prática, este poema numa dedicatória do livro ao *princeps* cuja protecção se requer. Não é, assim, de estranhar que os dois epigramas seguintes se ocupem igualmente do imperador, das suas vitórias ou de episódios com ele relacionados, numa clara intenção de reforço da adulação empreendida. A aposta nos poderosos e próximos do imperador traduz-se, por seu turno, em epigramas que lhes são dedicados ou deles falam: por exemplo Eufemo, o mordomo de Domiciano (8), Sílio Itálico, o poeta e político de carreira brilhante (14), Parténio, mordomo do *princeps* (e um dos seus futuros assassinos: 45), Domício Apolinar, político fulgurante (86). Os amigos são os de sempre: Estela (6), Faustino (10), Aulo Pudente (13; 29), Júlio Marcial (64)...

No livro V, Marcial ousa finalmente uma dedicatória formal ao *dux*, logo seguida de uma declaração expressa de reverenda conformação, por parte do poeta, com as normas morais impostas por Domiciano. O livro orientar-se-á, deste modo, pelo timbre do decoro e será cuidadosamente estruturado. Basta observar o bloco constituído pelos quinze primeiros epigramas: o 1º dirige-se ao imperador; o 2º fala dele e da submissão do poeta às suas directrizes; o 3º insiste na figura de Domiciano, desta vez assumindo a perspectiva de um príncipe inimigo recém-submetido; o 4º introduz os habituais tipos e figuras satirizadas, neste caso uma das muitas mulheres beberronas que povoam os *Epigramas*; o 5º dirige-se a Sexto, bibliotecário do Palatino, enquanto o 6º, recorrendo à mediação das Musas, procura tocar Parténio; no 7º, dirigindo-se a Vulcano, Marcial pede a protecção do deus, mas apresenta como razão para o seu pedido o facto de ser Domiciano quem está no poder; o 8º refere uma medida político-social tomada recentemente pelo imperador e ilustra a sua aplicação com um episódio; o 9º adopta exclusivamente o tom da sátira, lançada, como em tantas outras vezes, contra os médicos; o 10º retoma o louvor do tempo presente, que surge num suposto diálogo com uma das mais importantes personalidades do momento, Régulo; os epigramas 11 e 12 salientam a riqueza e elegância de outro homem rico e poderoso, Estela; no 13º, o poeta faz o seu auto--elogio e demarca-se daqueles que adquirem riquezas desonestamente; o 14º evoca divertidamente um novo episódio que retrata as consequências da aplicação de uma lei de Domiciano; o 15º volta a dirigir-se ao imperador e consiste na declaração solene do poeta, perante o censor que Domiciano também é, de que jamais ofendeu fosse quem fosse: por isso, não transgrediu as leis sagradas que o *princeps* impôs; bem pelo contrário, Marcial afirma que se tem dedicado a conferir fama e imortalidade àqueles que canta nos seus epigramas, embora sem obter nenhuma recompensa material (tema que, dirigindo-se ao leitor, desenvolverá em 16).

Marcial não pode ser mais subtil nem simultaneamente mais claro. O bloco destes quinze epigramas mostra do que é capaz, quem são e quais são as suas prioridades, quais os objectivos que tem em mente e o que espera daqueles a quem se dirige e que seleccionou táctica e criteriosamente. A objectiva fixa-se de forma muito clara no 'filão' da *familia* imperial e da gente bem colocada na escala social.

No corpo deste livro, o poeta dirige-se a Domiciano apenas uma vez, no epigrama 19. Aí, ao rasgado louvor da época, segue--se a referência ao único defeito que a ensombra, a ausência de

Introdução

autênticos mecenas, pelo que, logicamente, Marcial pede expressamente ao *princeps* que seja seu protector. Só em 65 Marcial volta a dirigir-se ao imperador, quando lhe demonstra que os espectáculos da sua arena ultrapassam largamente em esplendor e glória os Trabalhos de Hércules. Entre os epigramas 19 e 65, a homenagem é feita a amigos e patronos, como Júlio Marcial (20), Régulo (21), Faustino (32 e 36), Estela (59), enquanto, por outro lado, se prossegue a divulgação das leis promulgadas por Domiciano (23; 25; 27; 35; 41), se alude ao *princeps* como que por acaso ou por associação de ideias (49; 63) ou se reúnem num louvor simultâneo vários patronos (28). Pelo meio, polvilhando o todo sabiamente organizado, os poemas satíricos que retomam os temas e as figuras de sempre.

O livro VI visa ainda mais alto: Marcial parece sentir-se cada vez mais seguro do seu lugar e do seu papel. Assim, sem dedicar formalmente a recolha ao imperador, recorre a um outro processo: oferece-a ao amigo Júlio Marcial, para que a corrija de forma a permitir-lhe ser recebido por Domiciano e agradar-lhe mais facilmente. Os epigramas colocados no início do livro ocupam-se, assim, do *princeps* (1; 2; 4; 10), das medidas que promulgou (2; 4; 7; 9), dos seres que ele mais amou, o filho e a sobrinha (3; 13). Alternam-se sabiamente os poemas que se lhe dirigem ('tu': 2; 4) com os que dele falam na 3ª pessoa ('ele': 1; 3; 10) e os que nem sequer o referem mas o visam implicitamente (7; 9; 13). No epigrama 4 ensaia-se mesmo um balanço da governação de Domiciano, em cinco versos cuja brevidade e concisão sublinham a impossibilidade de enumerar todos os benefícios que ele magnanimamente proporcionou a Roma, ao mundo, aos próprios deuses.

Neste livro VI, Marcial só volta a dirigir-se ao imperador no epigrama 80, composição com que dá início ao bloco final da recolha. Até aí, os processos de o lembrar ou homenagear surgem ou pela associação como que natural e não programada a propósito de outros assuntos ou pessoas (34: os beijos de Diadúmeno; 64: evocação do apoio que recebe dos primeiros entre os primeiros de Roma), ou pela evocação das suas leis (22; 45), ou pela deturpação da realidade em função dos gostos imperiais (46). Pelo caminho, o poeta foi consolidando o apoio e reiterando o louvor de patronos e amigos como Estela (21; 47), Faustino (53; 61), Mélior (28; 29), Régulo (38; 64), Etrusco (42)…

O bloco final do livro joga com os mesmos trunfos: 80, 83 e 87 dirigem-se ao imperador e referem respectivamente o embelezamento de Roma que ele empreendeu, o exercício da sua *clementia* traduzido no perdão concedido ao pai de Cláudio Etrusco, o desejo de que os deuses tudo dêem ao bom governante e este tudo lhe dê a ele, poeta. Antes de fechar o livro, ainda há tempo para referir a *sancta censura* de Domiciano e se evocar mais uma circunstância respeitante à aplicação da lei sobre o adultério (91).

Em todos os livros dos *Epigramas* – mas nestes a tendência acentua-se –, Marcial deturpa determinados factos ou aspectos, quer denegrindo-os quer distorcendo-os em função do momento, das preferências ou ódios do imperador, quer ainda adaptando-os às normas e orientações políticas vigentes.

Vejamos, por exemplo, o tratamento que Marcial reserva a dois momentos da acção bélica de Domiciano. Em IV 11, o poeta invectiva Saturnino pela sua traição, pelo crime infando de atentar contra a soberania do *princeps*. Fá-lo, todavia, apenas depois de Saturnino ter sido derrotado e cruelmente castigados os que o haviam apoiado. Assim, embora dê eco das lutas intestinas que Domiciano enfrentava, Marcial louva sobretudo as vitórias prontas e decisivas que o *dux* obtém.

O mesmo acontece em relação à guerra contra os Dacos, à morte de Cornélio Fusco e ao massacre das legiões que comandava. Marcial aguarda cerca de cinco anos até se poder referir em segurança e júbilo ao tremendo desastre, e, ainda assim, sugere que a glória recaiu toda sobre Domiciano que, na perspectiva que divulga, não só aniquilou os Dacos como vingou a afronta. O poeta deixa, pois, no mais completo esquecimento o general Tétio Juliano, que venceu os inimigos em 88, e retira da cerimónia da submissão do povo vencido apenas os aspectos mais espectaculares e eficazes em termos de propaganda (V 3; VI 10, 7). Esquece, também, as cedências tácticas que foi mister fazer. Marcial revela--se, mais do que nunca, exímio artista em esconder os insucessos enquanto eles não podem ser assimilados a vitórias.

Outros acontecimentos ficam no limbo da memória e o poeta só os traz à vida e à sua poesia quando podem, a um tempo, reverter em louvor do *princeps* e servir os seus próprios objectivos. Veja--se o caso do pai de Cláudio Etrusco. Até ao momento em que

Introdução

Domiciano o mandou regressar do exílio, a ele e ao filho que piedosamente o acompanhara, Marcial não pronuncia uma única palavra nem dirige um só epigrama ao filho, de quem se revelou (ou tornou) depois *cliens*. Logo que, com o perdão, ambos regressam a Roma, o poeta avança com a divulgação do sucedido e com o encómio da *clementia* do imperador (VI 83), e sente-se seguro para louvar as inexcedíveis termas que Etrusco fez construir na Urbe (VI 42).

Se observarmos agora um outro aspecto, o das preferências, ódios e perseguições de Domiciano, Marcial sabe igualmente muito bem o papel que deve desempenhar e toma iniciativas consentâneas com o louvor que rasga sem pejo. São os Azuis, a facção do circo que nunca ganha porque Domiciano 'torce' pelos Verdes (VI 46); são os Judeus (IV 4, 7) e os Cínicos (IV 53), observados pela lupa deformante que oscila entre a condenação e a chacota, para fazer eco a uma perseguição cada dia mais dura por parte do poder; mas são também as sucessivas alusões a Júpiter e Minerva, os deuses a que Domiciano prestava culto especial. Mais do que isso, é sem hesitações que o poeta identifica o imperador com Júpiter (por ex. V 6, 9) e o compara com Hércules, ficando o herói mitológico inevitavelmente em desvantagem (por ex. V 65), ou o nomeia simplesmente como *deus* (por ex. V 5, 2). Num plano afim, o da obediência e submissão às determinações despóticas de Domiciano, Marcial não hesita em lhe chamar *dominus deusque*, senhor e deus (V 8, 1), como o imperador mandara e exigia. De um modo geral, é ingente e significativo o esforço do poeta no sentido de invocar ou referir Domiciano por todos os nomes e títulos oficiais que ele usava, num vasto leque de hipóteses que coincide quase na íntegra com as formas com que é nomeado em textos epigráficos e numismáticos: *Imperator, Caesar, Augustus, dux, Germanicus, censor, praeses, princeps, dominus...*

Ora, tal formalização de relações e respeitosa submissão não impede Marcial, todavia, de sugerir uma crescente intimidade com o *princeps*: assegura que ele lê e aprecia os seus poemas (IV 27, 1-2; VI 64, 14-15), lembra os privilégios que dele recebeu (IV 27, 3-4), imagina até diálogos com o senhor de Roma, em que este lhe responde afectuosamente (V 15, 5), mostra-se tão conhecedor do modo de ser e viver do imperador que chega a adivinhar-lhe as reacções (V 19, 17) ou a interpretar-lhe os comportamentos (VI 10), revela que conhece o local de todas as *uillae* pelas quais ele reparte os seus dias (V 1) e até mesmo aspectos particulares de algumas delas, como os peixes amestrados de Baias (IV 30).

A realidade, porém, parece ter sido assaz diferente. O apoio traduzia-se em muito pouco ou quase nada, não só da parte do imperador mas também dos patronos em geral. Contra estes, amontoa o poeta as não sofreadas queixas, rebentando de amargura e de revolta, embora não esteja ainda completamente desenganado e sem esperança como um dia, anos depois, há-de ficar, na Roma de Nerva e de Trajano, a Roma de novos ventos políticos que o empurram para fora da carroça dos que vivem das migalhas do poder. Consola-se – ou ilude-se – com a fama de que diz gozar (V 13; 16; VI 60; 64; 82), brinca com a modéstia dos seus recursos (V 62; 78; VI 82), saboreia o pouco que tem (VI 43), assume orgulhosamente as suas escolhas literárias (IV 29; 49), diverte-se a infringir as leis do epigrama e a criar as suas próprias regras (VI 65). E vai vivendo os dias numa cada vez mais cansada busca de um nome e algum bem-estar, numa luta contra o tempo que se esgota (IV 54; V 64; VI 70).

Os temas e figuras são os de sempre: as mulheres adúlteras, depravadas, beberronas, hipócritas (IV 9; 12; 16; 20; 28; 58; 71; 84; V 4; 45; 61; VI 6; 7; 22; 23; 39; 45; 67; 69; 71; 90); os caçadores de heranças, os assassinos das caras-metades e os maridos complacentes (IV 56; 69; V 61; VI 31; 39; 62; 63); os médicos incompetentes, assassinos, devassos e ladrões (V 9; VI 31; 53); os advogados de insuportável verborreia e pose (VI 19; 35); os invertidos assumidos ou camuflados (IV 48; V 41; 61; VI 33; 37; 54; 56; 91); os viciosos abjectos e repelentes (IV 16; 17; 43; VI 26; 44; 55; 78; 81; 89); os parasitas que vivem em função do jantarinho conseguido para mais um dia (V 44; 47; 50); os que fingem ser o que não são e ter o que não têm (IV 6; 78; V 8; 14; 17; 25; 35; 49; 51; VI 9; 17; 24; 74; 94); os homens e mulheres postos a ridículo pelos seus defeitos físicos ou pelos subterfúgios para esconder a idade, a condição ou as partidas do destino (IV 4; 36; 62; 65; 87; V 21; 43; 49; VI 12; 57; 74; 93); a turba de gente que abdica da sua dignidade por dinheiro e posição (IV 5; V 56; VI 8; 48; 50); os patronos sovinas, desumanos, ingratos e indignos (IV 26; 37; 40; 67; 68; 85; 88; V 22; 52; VI 11; 88); os falsos ou

Introdução

maus poetas, os plagiários e os que tudo recitam (IV 33; 41; 80; V 53; 72; 73; VI 14; 41; 61); os novos-ricos e os que se fingem ricos (IV 39; 51; 61; V 13; 79; VI 59; 77; 84); os unhas-de-fome e os mesquinhos avarentos (IV 66; V 76); os que estoiram o dinheiro e as fortunas num estalar de dedos (V 70); os que roem tudo e todos com os dentes da inveja e da censura (V 28; 33; 60; VI 60; 64)...

Mas também nestes livros voltamos a encontrar um Marcial que se comove e sofre com a dor e a desgraça dos seres mais fracos e desprotegidos (IV 18), das crianças que ama, mesmo sendo escravas (V 34; 37), dos que morrem na flor da juventude e do talento (VI 68; 85); um Marcial que chora as perdas que os amigos sofrem (VI 28; 29; 52; 68), partilha com eles as suas próprias inquietações, faz suas as deles (VI 25; 58) e se regozija com os seus momentos de felicidade (IV 13; VI 21; 27); um Marcial que se deixa tocar pela desolação das cidades destruídas pela lava do Vesúvio (IV 44) e para si deseja, acima de tudo, ter, um dia, tempo e lugar para descansar (IV 25; V 20).

EPIGRAMAS
LIVRO IV

LIVRO IV

1

Dia criador de César,[1] mais venerável do que essa luz
em que o Ida, cúmplice, a Jove dicteu[2] viu nascer,
eu te rogo: por longo tempo vem, do Pílio[3] a idade supera
e sempre com este aspecto brilha ou melhor ainda.
Possa ele amiúde a Tritónida[4] com ouro de Alba celebrar[5]
e, por suas generosas mãos, muitas coroas de carvalho
[passem;[6]
possa ele, no volver de ingente lustro, celebrar os Jogos
[Seculares[7]
e as festividades que a romúlea Tarento[8] conserva.

---

[1] Marcial celebra o *dies natalis* do imperador Domiciano, nascido no dia nono antes das calendas de Novembro, isto é, no dia 24 de Outubro, no ano 51. Este genetlíaco é dedicado ao 37º aniversário do imperador.

[2] Júpiter (= Jove), deus romano assimilado a Zeus, nasceu, segundo uma tradição, em Creta, ou no monte Ida ou no monte Dicte.

[3] Nestor. Cf. n. a II 64, 3.

[4] Minerva (a Atena grega), nascida nas margens do lago Tritão, na Líbia (no território da actual Tunísia).

[5] Domiciano instituiu os Jogos Albanos, celebrados anualmente de 19 a 23 de Março na sua propriedade em Alba, em honra da deusa Minerva. As provas eram essencialmente de carácter poético. O prémio dos vencedores era uma coroa de folhas de oliveira (a árvore de Minerva), em ouro.

[6] Alusão aos Jogos Capitolinos, instituídos por Domiciano segundo o costume grego. Celebravam-se de 4 em 4 anos, em honra de Júpiter, e compreendiam numerosas provas, como as corridas de cavalos, concursos de atletismo, cítara, prosa latina, prosa grega, poesia latina, poesia grega, oratória... Os vencedores recebiam, das mãos do próprio imperador, uma coroa de folhas de carvalho (a árvore de Júpiter), em ouro.

[7] Os Jogos Seculares realizavam-se, segundo os Livros Sibilinos, em intervalos de 100 a 110 anos. Domiciano celebrou-os em 88, apenas 41 anos depois dos realizados por Cláudio, mas baseado nos cálculos feitos por Augusto, que os celebrara em 17 a.C.

[8] Local do Campo de Marte onde se realizavam os Jogos Seculares e se cumpriam alguns dos sacrifícios exigidos pelos ritos, como a imolação de nove ovelhas e nove cabras às Parcas, na primeira noite dos Jogos, pelo próprio imperador. Aí se colocava, no final das festividades, um cipo comemorativo do evento.

Grandes embora, deuses celestiais, as nossas preces à terra são
[devidas:
em honra de tamanho deus,[9] que votos poderão ser excessivos?

2

Ainda há pouco, único entre todos, assistia
Horácio aos jogos, em negro manto envolto,
quando a plebe e os cidadãos de segunda e primeira ordem[10]
com o venerável chefe se sentavam, de alvura brilhantes.[11]
De repente, pôs-se a neve a cair de todos os pontos do céu:
e Horácio assiste, em branco manto envolto.

3

Repara como é denso o velo de silentes águas
que sobre o rosto e as vestes de César desliza.
Mas ele não se aborrece com Júpiter e, sem sacudir a cabeça,
ri-se das águas geladas pelo torpor do frio:
a constelação do Bootes hiperbóreo[12] habituado está a desafiar[13]
e, de cabelos encharcados, a Hélice[14] desdenhar.
Quem com secas águas se diverte e brinca lá dos céus?
Desconfio que estas são as neves do filho de César.[15]

---

[9] Domiciano, que, recorde-se, se apresentava como deus na terra, mais importante que os do Olimpo.

[10] Respectivamente os cavaleiros e os senadores.

[11] Retomando uma medida de Augusto, Domiciano determinou que, nos espectáculos públicos, apenas se poderia comparecer com vestes brancas. Somente se toleravam a púrpura e o escarlate nos mantos de dias mais frios e chuvosos. Horácio representa aqui os que não obedeciam a tal determinação, seguida ordeiramente por todos, a exemplo do 'venerável chefe'. Mas a neve encarregou-se de lhe embranquecer as vestes...

[12] A constelação do Boieiro.

[13] Alusão às campanhas militares de Domiciano contra os povos germânicos, nomeadamente os Catos e os Dacos.

[14] A Ursa Maior. Hélice era uma das ninfas que foram amas de Zeus / Júpiter, e que este transformou em constelações (a Ursa Maior e a Menor), para as livrar da perseguição que Crono, pai do deus, lhes movia, por terem criado o filho que ele queria fazer desaparecer para que não o destronasse.

[15] Domiciano teve de Domícia Longina, sua mulher, pelo menos um filho, nascido em 73, mas que morreu ainda muito criança. Seu pai logo o divinizou.

Livro IV

4
Quanto fede a estaca num charco ressequido,
quanto os vapores das Álbulas[16] sombrias,
quanto o ranço velho de um viveiro de mar,
quanto o bode a cobrir, bem devagar, a sua cabra,
quanto o borzeguim de um veterano gasto,
quanto a lã duas vezes em púrpura[17] empapada,
quanto os hálitos de jejum das sabatistas,[18]
quanto o arquejo dos alquebrados réus,[19]
quanto a lucerna moribunda de Leda[20] porcalhona,
quanto os emplastros de borras da Sabina,[21]
quanto a raposa em fuga,[22] o ninho da víbora
– tudo isso eu preferiria a feder o que tu fedes, Bassa.

5
Homem honesto e pobre, sincero de palavra e de coração,
que buscas tu, Fabiano, quando para a Urbe vens?
Tu não és capaz de passar por chulo nem borguista,
  nem de citar, com voz sinistra, apavorados réus,
nem és capaz de seduzir a mulher de um amigo querido,
  nem és capaz de entesar com frígidas velhotas,
nem de vender, à volta do Palatino, vãs fumaças,[23]

---

[16] V. n. a I 12, 1.

[17] A púrpura, extraída do *murex*, tinha um odor intenso e muito desagradável.

[18] Referência ao jejum ritual do sábado das mulheres judias, carregada de conotações de desprezo, como é de esperar em quem venerava a política dos Flávios, pouco tolerante e amistosa para com os Judeus. Recorde-se que Tito, irmão e predecessor de Domiciano, tomou e destruiu Jerusalém em 70, obrigando os Judeus à diáspora e ao pagamento de um pesado tributo.

[19] Cf. n. a II 36, 3.

[20] 'Nome de guerra' de prostituta.

[21] Os emplastros ou unguentos (*ceromata*), feitos de cera, azeite e borras de vinho, com que os atletas, em especial os que se dedicavam à luta, untavam o corpo.

[22] Alusão a uma crença popular segundo a qual a raposa, na iminência de ser caçada, expele gases nauseabundos para afastar os perseguidores.

[23] Parece ser expressão proverbial: prometer, a troco de chorudas recompensas, fazer uso de uma (suposta) influência junto do imperador, para conseguir favores para alguém.

nem de gastar aplausos com Cano nem com Gláfiro.²⁴
De que pensas viver, desgraçado? 'Sou homem leal, amigo fiel.'
Isso nada vale: nunca, por aí, hás-de ser um Filomelo.²⁵

6
Passar por mais casto que virgem pudica
e mostrar um cândido rosto – eis o teu desejo,
Malisiano, quando és mais descarado
que o sujeito que versos, compostos no metro
de Tibulo,²⁶ anda em casa de Estela²⁷ a recitar.

7
O que ontem deste, menino Hilo, porque o negaste hoje?
   Que dureza súbita é essa, quando há pouco tenro eras?
Mas já vais alegando a barba e os anos e os pêlos.²⁸
Oh como és longa, noite, que sozinha tornas um tipo velho!
Porque troças de mim? Tu, Hilo, que ainda ontem eras um
[menino,
diz-me lá: por que razão queres hoje um homem ser?

8
A primeira hora²⁹ e a seguinte desgasta os saudadores,³⁰
   a terceira empenha os roucos advogados,
até à quinta prolonga Roma os seus vários labores,³¹

---

²⁴ Parece tratar-se de dois afamados tocadores de flauta.
²⁵ Nome de liberto, ao que parece símbolo dos novos-ricos sem escrúpulos (cf. III 31, 6).
²⁶ O dístico elegíaco, aqui associado à temática amorosa e ao tom livre (ou mesmo escabroso, como acontece nas Priapeias) de muitas composições nesse metro. Tibulo (c. 55 – 19 a.C.), poeta do círculo de Messala, deixou-nos dois livros de elegias, entre as quais se contam as dedicadas a Délia e a Némesis, nomes sob os quais celebra as duas mulheres que amou.
²⁷ Cf. n. a I 7, 1.
²⁸ Cf. n. a I 31, 8.
²⁹ A primeira hora começava com o romper do dia. V. n. a I 108, 9.
³⁰ Cf. n. a I 55, 6.
³¹ As diferentes actividades e ocupações cessavam para se tomar o almoço (*prandium*) e dormir a sesta (*meridiatio*). Seguia-se o tempo dedicado aos exercícios físicos e aos banhos. Pela nona hora começava a principal refeição do dia, a *cena*.

a sexta trará repouso aos fatigados e a sétima o seu fim,
a oitava até à nona basta aos luzentes ginásios
e a nona manda que se abatam os leitos preparados.
A hora dos meus livrinhos é a décima,[32] Eufemo,[33]
quando, com teu zelo, se prepara a ambrósia e o banquete
e o nobre César se deixa relaxar pelo néctar celeste,[34]
ao erguer, na mão possante, uma taça modesta.[35]
Acolhe, então, estes gracejos: a minha Talia[36] receia mostrar-se,
com passo ousado, a um Júpiter madrugador.

9
Filha do médico Sotas, Labula,
abandonaste o marido, para seguires Clito,
e dás-lhe prendas e amor: *tu agis comme une sotte*.[37]

10
Enquanto o meu livrinho é novo e não tem a capa coçada,
    enquanto a página, ainda não bem seca, receia o toque,
vai, meu rapaz, e leva este ligeiro presente a um amigo querido,
    que mereceu ter, em primeiro lugar, as minhas bagatelas.
Corre, mas vai equipado: que a púnica esponja[38] o livro
    acompanhe: ela diz bem com a minha oferta.

---

[32] Isto é, a hora em que, após a refeição, os convivas bebiam mais abundantemente, assistiam a pequenos eventos de carácter cultural (como a leitura de poesia) ou de maior apelo para os sentidos (como as danças lascivas das célebres bailarinas de Cadiz).

[33] Trata-se do *tricliniarcha* de Domiciano, isto é, do liberto encarregado de lhe preparar e servir os alimentos e a bebida. Era o responsável por todos os que se ocupavam do serviço da mesa imperial.

[34] A ambrósia e o néctar são o alimento e a bebida dos deuses.

[35] Suetónio (*Dom.* 21. 2-3) confirma este dado: Domiciano era moderado na bebida e na comida.

[36] Musa da comédia.

[37] No original, esta expressão encontra-se em grego (ἔχεις ἀσώτως) e significa 'ages como uma perdida'; contudo, a intenção de Marcial é jogar com o nome do médico (*Sotas*) e o termo grego ἀσώτως, onde o alfa privativo sugere a negação das características próprias do médico. O jogo de palavras é intraduzível em português, mas procurámos manter a relação com o nome Sotas, servindo--nos de uma expressão em francês, pois que o próprio Marcial também se não exprime em latim.

[38] Destinada a apagar ou corrigir o texto escrito no papiro ou pergaminho.

Não podem muitas emendas, Faustino,[39] os meus gracejos
corrigir, mas uma única emenda,[40] essa pode fazê-lo.

11

Enquanto, com nome vão inchado, muito alegre andas
  e te envergonhas, desgraçado, de seres apenas Saturnino,
ímpia guerra[41] moveste sob a parrásia Ursa,[42]
  semelhante à do que tomou as armas de sua fária esposa.[43]
De tal forma te escaparia o presságio deste nome,
  que a tremenda fúria do mar de Áccio[44] aniquilou?
Ter-te-á o Reno prometido o que a ele não concedeu
  o Nilo ou terão as águas do Norte granjeado mais direitos?
O grande António, porém, sucumbiu às nossas armas,
  ele que, comparado contigo, pérfido, era um césar.

12

A ninguém, Taís, te negas: mas se isso te não faz corar,
  cora ao menos, Taís, de a nada te negares.

13

Cláudia Peregrina, Rufo, desposa o meu Pudente:[45]

---

[39] Cf. n. a I 25, 1.

[40] Que apague tudo...

[41] Lúcio António Saturnino, governador da *Germania Superior*, fez-se proclamar imperador por duas legiões do Reno e pediu o apoio de algumas tribos germânicas. A sedição foi prontamente esmagada. O *nomen* António permite a Marcial a evocação de Marco António, considerado como outro traidor a Roma, embora bem mais grandioso que Saturnino.

[42] A Ursa Maior, constelação em que Zeus, segundo uma tradição diversa da referida em n. a IV 3, 6, transformou Calisto, filha do rei da Arcádia Licáon. Entre as diversas versões da causa dessa metamorfose está a de Zeus a ter querido poupar à vingança de sua ciumenta mulher, Hera, quando Calisto concebeu um filho seu. Parrásia é uma cidade da Arcádia, que recebeu o nome de um filho de Licáon, Parrásio.

[43] Cleópatra, a rainha egípcia. V. n. a III 66, 1.

[44] A batalha naval de Áccio, em 31 a.C., em que Marco António foi derrotado por Octaviano, o futuro imperador Augusto.

[45] Cf. n. a I 31, 2. Já se pensou que este casal, Pudente e Cláudia, é o mesmo que S. Paulo nomeia na *II Epístola a Timóteo* 4:21.

louvados sejam, ó Himeneu,⁴⁶ os teus archotes.
Igualmente bem se une a rara canela ao nardo,
  igualmente bem o mássico vinho aos favos de Teseu;⁴⁷
não se enlaçam melhor as tenras vinhas aos ulmeiros,
  nem mais o loto as águas preza nem o mirto as margens.
Cândida Concórdia, mora para sempre em seu leito
  e, a um par assim moldado, seja Vénus sempre favorável.
Ame-o ela, quando um dia velho for, e que ela própria, ao
            [marido,
  ainda que velha seja, tal lhe não possa parecer.

14

Sílio,⁴⁸ orgulho das castálidas irmãs,⁴⁹
que os perjúrios do bárbaro furor
com voz possante reprimes e as pérfidas
manhas de Aníbal e a inconstância dos Penos
a recuar obrigas perante os ilustres Africanos:⁵⁰
deixa, por momentos, a tua severidade.
Pois que dezembro se distrai em plácidos jogos,⁵¹

---

⁴⁶ Deus que conduz o cortejo nupcial, invocado nos cantos (e, naturalmente, neste epitalâmio) que se entoavam enquanto a noiva era levada para casa do marido, à luz de archotes (v. n. a III 93, 26).

⁴⁷ O mel, de que se apreciava especialmente o que provinha da Ática (e daí a referência a Teseu, o herói ático por excelência), nomeadamente o das abelhas do monte Himeto, perto de Atenas (cf. XIII 104). O mel misturado com o vinho produzia o hidromel (cf. XIII 108).

⁴⁸ Sílio Itálico, autor de um poema épico sobre a 2ª Guerra Púnica (*Punica*). Dono de uma imensa riqueza, famoso advogado e orador, teve, como apoiante de Nero e depois dos Flávios, carreira política de relevo, que culminou com o proconsulado da *Asia* (cf. VII 63). Era patrono generoso de poetas, entre os quais Marcial. Morreu c. 101, com 75 anos (v. n. a I 78, 6).

⁴⁹ V. n. a I 76, 11.

⁵⁰ Romanos e Cartagineses defrontaram-se em três Guerras Púnicas (de *Poeni*, Púnicos, Penos ou Cartagineses), que se arrastaram entre 264 e 146 a.C. Na 2ª Guerra (218 a 201 a.C.), o general cartaginês Aníbal quase tomou Roma. Só Cipião Africano *Maior* o conseguiu derrotar, na batalha de Zama, (na actual Tunísia). Marcial, porém, invoca 'os Africanos', plural que engloba igualmente Cipião Emiliano (v. n. a II 2, 2). Outros membros da família dos Cipiões distinguiram-se também nas lutas contra Cartago.

⁵¹ As Saturnais. Cf. n. a II 85, 2.

aqui e ali faz ressoar no copo[52] o dado incerto
e brinca à cova com ganizes[53] mais manhosos,
acomoda o teu lazer à minha camena;[54]
e não de cara sisuda, antes faceira, lê
estes livritos embebidos em joviais malícias.
Foi assim, talvez, que o delicado Catulo ousou
ao grande Marão enviar o seu Pardal.[55]

15
Mil sestércios ainda ontem me pedias,
  durante seis ou sete dias, Meciliano.
'Não tenho' – respondi; mas tu, alegando a chegada
  de um amigo, um prato e uns quantos vasos solicitas.
És parvo ou parvo me julgas ser, amigo? Neguei-te
  mil sestércios e vou-te agora entregar cinco mil?

16
Corria o boato, Galo, de que tu não eras enteado
  da tua madrasta, enquanto ela foi esposa do teu pai;
ora, sendo ele vivo, não se podia isso comprovar.
  O teu pai já cá não está, Galo, e a madrasta em casa está.
Das sombras infernais, é convocar o grande Túlio[56]
  e permitir que te defenda Régulo[57] em pessoa;
não conseguirás absolvição: pois quem continua a sê-lo
  após a morte do pai, Galo, é porque madrasta nunca foi.

---

[52] O *fritillus* era o copo utilizado para lançar os dados, semelhante aos que hoje se usam. Sobre a forma de alguns desses copos e a batota possível neste jogo, v. XIV 16.

[53] O jogo intitulado *tropa* consistia em tentar acertar com pequenos ossinhos, dados ou nozes numa cova ou no gargalo de um recipiente.

[54] Cf. n. a II 6, 16.

[55] Cf. n. a I 7, 1 e I 61, 2. A informação de que Catulo enviou a Vergílio o seu poema é absolutamente improvável, já que, quando aquele morreu, c. 54 a.C., o autor da *Eneida* não teria mais que 15 ou 16 anos.

[56] Marco Túlio Cícero (106 – 43 a.C.), o modelo dos oradores romanos.

[57] Cf. n. a I 12, 8.

17
Incitas-me, Paulo, a que a Licisca faça uns versos,
　para que a sua leitura a deixe ao rubro e em cólera.
Ó Paulo, és garotão: queres dá-lo a chupar e bem sozinho.

18
Ali onde a porta estila,[58] junto às colunas de Vipsânio,[59]
　e a pedra escorregadia é molhada por uma chuva constante,
na garganta de um menino, que passava sob o tecto
　　　　　　　　　　　　　　　　　　　　　　　　[humedecido,
　tombou uma pesada falha de gelo invernal:
assim que pôs termo ao fado cruel daquele pobre,
　o frágil sabre fundiu-se no calor da ferida.
Que fantasias não quis a Fortuna cruel permitir-se?
　Onde poderá a morte não estar, se até vós, águas, degolais?

19
Esta obra espessa de uma tecedeira das margens do Séquana,[60]
　que, sendo bárbara, nome lacedemónio possui,
presente grosseiro, mas nada desprezível no rigor
　de dezembro, te envio: a exótica endrómide.[61]
Quer o macio unguento[62] esfregues, quer a péla que aquece
　ou as bolas empoeiradas com a mão apanhes,
quer partilhes a massa plumosa do lasso fole,[63]

---

[58] Um dos arcos do aqueduto que transportava a *Aqua Virgo* e que se designava por *porta pluens*.

[59] V. n. a I 108, 3.

[60] O rio Sena.

[61] A *endromis* era uma capa de lã grossa com que se protegia o corpo após os exercícios físicos. Cf. XIV 126.

[62] O *ceroma*, cf. n. a IV 4, 10.

[63] Marcial refere três tipos de bolas com que se treinavam os atletas ou se exercitava o corpo: o *trigon* (v. 5), bola pequena e dura em couro, usada no jogo entre três pessoas colocadas em triângulo (cf. XIV 46); o *harpastum* (v. 6), bola que um número indefinido de jogadores, divididos em dois grupos, disputavam, tentando apanhá-la do chão (daí o 'empoeiradas') para a passar aos companheiros (cf. XIV 48); o *follis*, bola leve com enchimento de plumas ou apenas uma bexiga cheia de ar, especialmente indicada para exercícios ligeiros, ou para crianças e idosos (cf. XIV 47).

quer o ligeiro Atas⁶⁴ na corrida procures vencer,
nunca o frio penetrante entrará no teu corpo suado
   nem o flagelo de Íris⁶⁵ te inquietará com súbito aguaceiro.
Resguardado neste presente, hás-de rir dos ventos e da chuva
   e nem com um manto de Tiro⁶⁶ ficarás assim protegido.

20
Diz-se uma velha Cerélia, quando é uma bonequinha;
   uma bonequinha se diz Gélia, quando uma velha é.
Não poderias suportar esta, Colino, nem aquela suportarias:
   uma é ridícula, a outra uma presumida.

21
Que não existem deuses e o céu está vazio,
é quanto afirma Ségio: e invoca a prova,
pois, quando tais coisas nega, rico se vê ficar.

22
Sofridos os primeiros assaltos nupciais e amuada ainda com o
                                            [marido,
   mergulhara Cleópatra nas águas cristalinas,
fugindo aos meus abraços. A linfa, porém, traiu quem se
                                            [escondia:
   e rebrilhava, embora a água toda a recobrisse.
Assim se contam os lírios ocultos na pureza do cristal,
   assim recusa a delicada gema dissimular as rosas.
Saltei e, na seiva imerso, disputados beijos
   colhi. Águas tão transparentes, mais não permitistes.

23
Enquanto, indecisa, por longo tempo te perguntas
qual será, para ti, o primeiro e qual o segundo

---

⁶⁴ Nada se sabe sobre este afamado corredor.
⁶⁵ Íris, mensageira dos deuses, é a divindade do arco-íris, associado a grandes aguaceiros e tempestades.
⁶⁶ Rigorosamente, Marcial refere a *sindon*, tecido de linho ou algodão muito fino, espécie de musseline usada pelos Indianos, os Egípcios e os Asiáticos. Por ser de Tiro, trata-se de veste luxuosa e requintada, tingida com púrpura.

dos poetas rivais na composição do epigrama grego,
Calímaco,[67] por vontade sua, Talia,[68] a palma
entregou ele mesmo ao facundo Brutiano.[69]
E se este, saciado da graça de Cécrope,[70]
quiser jogar com o sal da romana Minerva,[71]
peço-te que segundo me faças depois dele.

24
Quantas amigas Licóris teve, Fabiano, a todas
enterrou: oxalá se torne amiga da minha mulher![72]

25
Costas de Altino,[73] émulas das vilas de Baias,[74]
e bosque cúmplice da pira de Faetonte[75]
e tu, jovem Sola, a mais bela das Dríades,[76] que o fauno
de Antenor[77] junto aos lagos Eugâneos desposou,
e tu, fértil Aquileia, com o Timavo[78] caro a Leda,

---

[67] Poeta e erudito (c. 310 / 305 – c. 240 a.C.) da época helenística, autor de *Hinos* e epigramas, muito admirado e tomado como modelo por poetas latinos como Catulo, Propércio e Ovídio.

[68] Cf. n. a IV 8, 12.

[69] Nada mais sabemos sobre Brutiano, além do que Marcial nos diz: escrevia epigramas em grego.

[70] Rei mítico da Ática.

[71] Isto é: se Brutiano começar a escrever epigramas em latim.

[72] 'Que as nossas mulheres nunca fiquem viúvas!' é voto que por aí se ouve nos 'brindes' entre homens.

[73] Cidade da Venécia, perto da actual Veneza, estância de veraneio muito procurada. Ficava entre as cidades de *Patauium* (Pádua) e Aquileia, a poucos quilómetros do Adriático (v. 5).

[74] Cf. n. a I 59, 1 e I 62, 3.

[75] Faetonte, filho do Sol, depois de desastrosamente ter conduzido o carro de seu pai, foi fulminado por Zeus para evitar maiores desgraças, e despenhou-se no rio Erídano, identificado com o rio Pó.

[76] Ninfas dos bosques e das árvores. Os destinos da ninfa e da árvore estão associados: nascem e morrem juntas. Sola é a ninfa de um lago situado nas colinas a NO de Altino, zona habitada pelos Eugâneos.

[77] Antenor, fugido de Tróia destruída, veio fundar *Patauium*.

[78] Rio que desagua no Adriático, junto a Aquileia. Diz-se 'caro a Leda', porque por ele seguiu a nau Argo: entre os heróis que nela iam, estavam Castor e Pólux, os Dioscuros, filhos de Leda.

aqui onde Cílaro bebeu das sete águas:⁷⁹
sereis vós o refúgio e porto da minha velhice,⁸⁰
se do meu descanso livremente dispuser.

26
Porque todo o ano te não fui ver a casa pela manhã,⁸¹
queres que te diga, Póstumo, quanto perdi?
Creio que trinta vezes dois ou vinte vezes três sestércios.⁸²
Perdoarás: mais me custa, Póstumo, uma toguita.

27
Amiúde costumas, Augusto,⁸³ louvar os meus livrinhos.
   Eis que um invejoso o nega: menos, por isso, os louvarás?
E que dizer se me honraste não só com palavras,
   mas com dons que mais ninguém me poderia dar?⁸⁴
Eis que de novo o invejoso as negras unhas rói.
   Dá-me ainda mais, César, para que mais lhe doa.

28
Ofereceste, Cloe, ao tenro Luperco
escarlates peças da Hispânia e de Tiro⁸⁵

---

⁷⁹ Cílaro é o cavalo de Castor. O curso do Timavo era parcialmente subterrâneo, brotando, em dada zona, em sete nascentes.

⁸⁰ Voto que não cumpriu: os dias de Marcial acabaram na sua terra natal, na Hispânia (cf. vol. I pp. 13 – 15).

⁸¹ Cf. n. a I 55, 6.

⁸² Exagero que acentua a sovinice de Póstumo. Se fizermos as contas (365 dias x 100 quadrantes, o montante da espórtula), o resultado ultrapassa em muito os 60 sestércios que Marcial diz ter perdido não se submetendo à *salutatio* diária a patrono tão unhas-de-fome. Para facilitar as contas, damos o valor das moedas referidas: um quadrante valia ¹/₄ de asse e um sestércio valia dois asses e meio.

⁸³ A base da titulatura imperial era, desde Augusto, *Imperator Caesar Augustus*, numa estrutura representativa dos *tria nomina* (os três nomes: *praenomen, nomen* e *cognomen*) do cidadão. Neste epigrama, Marcial 'encaixa' dois desses títulos: *Augustus* (v. 1) e *Caesar* (v. 8).

⁸⁴ Cf. n. a II 91, 6; II 92, 3; III 95, 10.

⁸⁵ Os tecidos de Tiro eram tingidos com púrpura; os vindos da Hispânia podiam ser em escarlate natural, já que se dizia que as águas do *Baetis* (o Guadalquivir), ricas em ouro, produziam essa cor natural na lã dos rebanhos que nele se dessedentavam (cf. IX 61, 1-4; XII 63, 5; 98, 2; XIV 133).

e uma toga lavada no tépido Galeso,[86]
sardónicas da Índia, da Cítia esmeraldas
e cem moedas novas do nosso senhor:[87]
e peça o que pedir, mais e mais lhe dás.
Ai de ti, amante dos despelados; ai de ti, coitadinha!
Em pêlo te há-de deixar, esse teu Luperco.[88]

29

Prejudica os meus livritos, caro Pudente,[89] o serem esta
[multidão
e uma obra assim abundante cansa e farta o leitor.
As raridades, essas agradam: assim é maior a graça das
[primícias,
assim ganham estima as rosas de inverno;
assim o desdém valoriza a amante espoliadora
e a porta sempre aberta não retém a juventude.
Mais vezes se cita Pérsio, com um só livro,[90]
que o frouxo Marso e toda a sua *Amazónis*.[91]
Também tu, ao releres um qualquer dos meus livritos,
pensa que é o único: assim o terás em maior conta.

---

[86] Cf. n. a II 43, 3. Dizia-se que as águas deste rio embranqueciam a lã nelas lavada.

[87] Trata-se certamente de alusão à cunhagem de nova moeda, revalorizada de modo a que voltasse a ter o peso que tivera com Augusto, medida tomada por Domiciano poucos meses antes de ascender ao *imperium*. Mais tarde, porém, viu-se obrigado a desvalorizá-la de novo.

[88] Luperco é nome de homem mas também de sacerdote de Pã, oficiante das Lupercais, cujo rito se cumpria a 15 de Fevereiro. Os Lupercos, nus, percorriam as ruas de Roma, fustigando com correias feitas da pele de uma cabra recém-imolada as mulheres que encontravam, para as tornarem fecundas.

[89] Cf. n. a I 31, 2.

[90] Aulo Pérsio Flaco (34 – 62), poeta satírico. Após a sua morte, foram criteriosamente escolhidas pelo seu editor as composições deixadas para a posteridade: as seis sátiras que possuímos.

[91] Domício Marso, poeta augustano do círculo de Mecenas (cf. n. 2 a I *praef.*), escreveu este poema épico extensíssimo que se perdeu.

30

Para longe do lago de Baias,[92] eu te aconselho,
pescador, a fugir, não vás tu com culpa recuar.
Nestas águas nadam peixes sagrados,
que o dono conhecem e lhe lambem a mão,
a mais poderosa que no mundo existe.
E que dizer de terem um nome e de, à voz
do seu mestre, cada um açodado acorrer?
Certa vez, quando um ímpio líbio deste pego
a presa arrastava na cana vibrante,
de súbito a luz dos olhos perdeu e, já cego,
não conseguiu ver o peixe que apanhara;
agora, maldiz os sacrílegos anzóis
e senta-se junto ao lago de Baias, a pedir.
Mas tu, enquanto podes, sem culpa recua,
às águas lança as iscas somente
e venera estes peixes requintados.

31

Porque citado e lido em meus livrinhos queres ser
 e alguma honra em tal facto crês encontrar,
pela minha saúde te garanto que isso muito me agrada
 e que em meus escritos desejo ver-te figurar.
Tu, porém, possuis um nome dado à revelia da fonte
 das irmãs,[93] que a tua mãe insensível escolheu,
e que nem Melpómene nem Polímnia pronunciar
 poderiam, nem a pia Calíope,[94] com Apolo a ajudar.
Escolhe, portanto, algum nome às Musas grato:
 nem sempre fica bem dizer "Hipódamo".[95]

---

[92] Domiciano possuía uma *uilla* em Baias (cf. n. a I 59, 1; 62, 3), onde tinha os peixes amestrados a que Marcial se refere. Obviamente, trata-se de processo comum na adulação: até os irracionais reconhecem a divindade do *princeps*.

[93] A fonte de Castália ou a de Hipocrene, ambas consagradas às Musas. O nome do destinatário deste epigrama não caberia, por razões métricas ou pelo som ou conotações desagradáveis, nos poemas de Marcial.

[94] Melpómene é a musa da tragédia, Polímnia a da pantomima, Calíope a da poesia épica.

[95] A interpretação deste poema é duvidosa. Não é possível identificar com segurança se se dirige a um homem ou uma mulher. Os comentadores têm optado

32
Numa gota de Faetonte[96] engastada, se oculta e reluz
   uma abelha, como que em seu néctar encerrada.
De tantas canseiras a digna recompensa ela recebeu:
   pois é de crer que a própria assim quis morrer.

33
Embora tenhas caixas[97] repletas de trabalhados livros,
   por que razão nada publicas, Sosibiano?
'Os herdeiros' – replicas – 'editarão os meus poemas.'
   Quando? Já era tempo, Sosibiano, de seres lido.[98]

34
Suja embora a tenhas, Átalo, diz toda a verdade
   quem diz que tens deveras uma toga nívea.[99]

35
Fronte contra fronte, os ternos gamos embater
   vimos e com igual golpe do destino tombar.
Os cães contemplaram a presa e pasmou o arrogante
   caçador por nada ter que fazer com seu cutelo.
Onde acharam estes débeis corações o fogo de tal furor?
   Assim lutam os touros, assim tombam os heróis.[100]

---

por que se trate de uma mulher e sugerem que o seu nome fosse qualquer coisa como *Domitia Caballina*, metricamente impossível de introduzir no epigrama. Quanto ao nome Hipódamo, usado entre outros por Homero, parece trazer conotações obscenas às insinuações de Marcial ('cavaleiro'). Outros pensam que o fecho do epigrama quer apenas dizer que nem sempre é fácil nomear alguém por um nome fictício.

[96] As lágrimas vertidas por Faetonte aquando da sua morte, por suas irmãs as Helíades, metamorfoseadas em choupos, eram o âmbar.

[97] Sobre os *scrinia* v. n. a I 2, 4.

[98] Isto é: de morreres.

[99] Marcial usa *niueam* no duplo sentido de ser 'branca como a neve' e 'fria como a neve'.

[100] Sobre o mesmo assunto, v. IV 74.

36

Tens branca a barba, e negra a cabeleira: tingir a barba não
[podes
– é este o motivo –, mas podes, Olo, fazê-lo à cabeleira.[101]

37

'Cem mil sestércios Corano e duzentos mil Mancino,
trezentos mil deve-me Tício, o dobro disso Albino,
um milhão Sabelo e outro milhão Serrano;
das casas e terras, três milhões bem contados
retiro e seiscentos mil dos rebanhos de Parma.'[102]
Todos os dias, Afro, esta ladainha me rezas
e já a conheço melhor que ao meu próprio nome.
Tens de pagar algum, para que eu possa aguentar;
reconforta esta seca diária com uns trocados:
ouvir de graça a cantilena, Afro, é que eu não posso.

38

Gala, nega-te; farta-se o amor se o prazer não atormentar:
mas não queiras, Gala, negar-te por muito tempo.

39

Toda a classe de peças de prata reuniste
e só tu as antigas obras de arte de Míron,
só tu os trabalhos de Praxíteles e de Escopas,
só tu as cinzeladuras do buril de Fídias,
só tu as criações de Mentor[103] possuis.
E não te faltam peças genuínas de Grácio,[104]
nem as que são banhadas em ouro galaico,[105]
nem os baixos-relevos[106] nos móveis de família.

---

[101] Cf. III 43; VI 57.

[102] A lã destes rebanhos era das mais apreciadas e, por isso, grande fonte de receita. V. II 43, 4; V 13, 8; XIV 155.

[103] São os nomes dos maiores escultores gregos dos séculos V e IV a.C.

[104] Trata-se de um cinzelador de época posterior, talvez de origem itálica, a que se refere Plínio (*História Natural* 33. 139).

[105] Trata-se dos *chrysendeta* (v. n. a II 43, 11). O ouro da região da actual Galiza era abundante e muito apreciado (cf. XIV 95).

[106] Os *anaglypta* eram baixos-relevos em mármore, metal ou marfim.

Livro IV

Porém, entre toda esta prata, admiro-me
que nadas possuas, Carino, de puro.[107]

40

Os átrios dos Pisões[108] com todos os seus ancestrais[109] se
[erguiam
e a casa do douto Séneca, três vezes digna de nota,[110]
mas entre tamanhos patronos só a ti, Póstumo, preferi:
eras pobre e cavaleiro, mas para mim um cônsul[111] eras.
Contigo contei, Póstumo, três vezes dez invernos:
tínhamos um único leito, que nos era comum.
Agora podes oferecer, podes desperdiçar, repleto de honrarias,
cheio de riquezas: aguardo, Póstumo, o que farás.
Nada fazes – e é demasiado tarde para eu buscar outro patrono.
Achas isto bem, Fortuna? 'Póstumo passou-me a perna.'

41

Por que razão, a ponto de recitar,[112] envolves o pescoço em
[faixas de lã?
Elas ficariam muito melhor nas minhas orelhas.

---

[107] Marcial joga com dois sentidos do adjectivo *purus*: sem ornatos (neste caso, aplicando-se aos objectos em prata que Carino possui: nenhum deles é simples, sem trabalho do cinzel); puro, de costumes sóbrios e pudicos (Carino é um debochado; cf. I 77).

[108] Vários membros da família dos Pisões tiveram importância na história de Roma. Marcial, porém, alude aqui em especial a Gaio Calpúrnio Pisão, que encabeçou a conjura contra Nero, descoberta e esmagada em 65, num banho de sangue que fez tombar muitos de entre os melhores Romanos. Tanto os Pisões como os Sénecas protegeram Marcial quando ele chegou a Roma, c. do ano 64.

[109] No átrio das casas das famílias ilustres, colocavam-se as imagens dos antepassados (cf. n. a II 90, 6) em nichos (*aedicula*), e junto deles punha-se um rolo de pergaminho no qual se conservava a árvore genealógica da família (*stemma*).

[110] Alusão aos três Sénecas mais ilustres: Séneca-o-Retor; Séneca, seu filho, o filósofo que se suicidou a mando de Nero, em 65; Lucano, neto do primeiro e sobrinho do segundo, que também se suicidou em 65, igualmente por acusação de envolvimento na conjura de Pisão. Também os outros dois irmãos de Séneca, Júnio Galião e Aneu Mela, pereceram implicados na conspiração. Cf. n. a I 61, 7 e Introdução (vol. I p. 10).

[111] Ser *consul* era atingir o topo do *cursus honorum*, a carreira das magistraturas.

[112] Sobre a moda (ou mania...) das *recitationes*, v. n. a I 63, 2. As faixas de lã eram, obviamente, cuidados do artista com a garganta e a voz.

42

Se, por acaso, alguém pudesse atender a minha prece,
  escuta, Flaco, o rapaz que eu gostaria de pedir.
Antes de mais, que seja nascido nas margens do Nilo:
  terra alguma sabe produzir volúpia maior.
Seja mais branco do que a neve, pois na negra Mareótis[113]
  esta cor é tanto mais bela quanto mais rara for.
Rivalizem seus olhos com os astros e batam-lhe os sedosos
  cabelos no colo: não gosto, Flaco, de cabelos enriçados.
Seja de rosto pequeno e ligeira a curvatura do nariz,
  o rubor dos seus lábios rivalize com as rosas de Pesto.[114]
Amiúde force o meu não querer e contrarie o meu querer;
  mais livre amiúde ele seja que seu próprio senhor;
que tema os rapazes e afaste amiúde as raparigas:
  homem para os outros seja e menino para mim somente.[115]
'Já sei e não erras: é essa a verdade, a meu juízo também.
  Assim era' – irás dizer – 'o meu Amazónico.'

43

Não disse, Coracino, que eras paneleiro:
não sou assim tão temerário nem audaz
que, de ânimo leve, mentiras vá contar.
Se disse, Coracino, que eras paneleiro,
a ira prove da jarra de Pôncia,[116]
a ira prove da taça de Metílio:
juro-te pelos tumores dos Sírios,[117]
juro-te pelos furores dos Berecíntios.[118]
Que disse eu, então? Coisa pouca e pequenina,

---

[113] Lago do Egipto, perto de Alexandria. Aqui designa a parte pelo todo: o Egipto.

[114] Cidade da Lucânia, a 60 Km SE de Nápoles, famosa pelas rosas que produzia duas vezes por ano (cf. XII 31, 3).

[115] Cf. n. a I 31, 8.

[116] V. n. a II 34, 6. Metílio (v. 6) deve ser outro envenenador, de que nada sabemos.

[117] Passo de difícil interpretação. Parece tratar-se de crença segundo a qual Ísis provocaria tumores ou hidropisia àqueles que jurassem falso.

[118] Os sacerdotes de Cíbele (dita Berecíncia, por causa do seu templo no monte Berecinto, na Frígia), que se castravam e autoflagelavam ritualmente.

bem conhecida, e que nem tu irás negar:
disse, Coracino, que eras lambe-conas.

44

Este é o Vésbio,[119] há pouco verdejante na sombra dos
[pâmpanos;
aqui, uma uva generosa carregava os húmidos lagares.[120]
Estes os picos, que Baco mais amou que as colinas de Nisa;[121]
neste monte ainda há pouco os Sátiros ensaiavam as danças.[122]
Esta era a estância de Vénus,[123] mais grata a seus olhos que a
[lacedemónia,[124]
este era um lugar famoso pelo nome de Hércules.[125]
Tudo jaz sob as chamas, em lúgubre cinza imerso:[126]
nem os deuses desejariam que tal lhes fora pemitido.

45

Alegre e com a caixa de incenso plena, estas oferendas a ti, Febo,
 apresenta Parténio,[127] oficial do palácio, em favor do filho,
que, ao fazer cinco anos, assinala o início de novo lustro,

---

[119] O monte Vesúvio, cuja recente e catastrófica erupção em Agosto de 79 Marcial evoca.

[120] O vinho desta região da Campânia era (e continua a ser) famoso.

[121] Local onde Baco (= Dioniso), deus do vinho, foi criado e onde se lhe prestava culto. Não há certezas absolutas quanto à localização de Nisa, mas geralmente situa-se na Índia.

[122] Os Sátiros, génios da natureza com o corpo metade de homem, metade de bode, incorporavam o cortejo de Dioniso / Baco, dançavam e bebiam pelos bosques e perseguiam as ninfas para satisfazer o seu constante desejo sexual.

[123] A cidade de Pompeios, cuja divindade tutelar era Vénus.

[124] Ártemis (=Vénus) Órtia tinha culto privilegiado em Esparta (=Lacedémon).

[125] A cidade de Herculano. Além destas duas cidades, também Estábias ficou destruída pela erupção do vulcão.

[126] No século XVIII, descobriu-se o sítio onde jaziam estas cidades, sepultadas em lava e cinza. Os trabalhos arqueológicos não pararam até hoje, mas cerca de 1/5 da zona atingida ainda não foi escavada.

[127] Parténio era o *cubicularius* de Domiciano, isto é, o encarregado de acompanhar o imperador na sua *toilette* matinal. Tinha a confiança plena do *princeps*, o que não o impediu de planear e participar da conjura que assassinou o último dos Flávios. Manteve-se todo-poderoso junto de Nerva, até que os pretorianos exigiram o seu castigo, dando-lhe morte horrível em 97. Tinha ambições poéticas, o que justifica que o pedido deste epigrama seja dirigido a Apolo (= Febo).

para que Burro inúmeras olimpíadas[128] possa completar.
Atende os votos de seu pai: assim te ame a árvore a ti
[consagrada[129]
e se ufane tua irmã[130] com sua firme virgindade,
assim brilhes com eterna flor da juventude e, enfim, não sejam
os cabelos de Brómio[131] tão longos quanto os teus, Febo.

46

As Saturnais[132] fizeram Sabelo
rico: com razão anda inchado Sabelo
e pensa e proclama que ninguém,
entre os advogados, mais ditoso é.
O que orgulha e anima Sabelo é isto:
meio alqueire de farinha e favas moídas[133]
e três meias-libras de incenso e pimenta[134]
e salpicões da Lucânia[135] com tripas dos Faliscos
e uma bilha síria de negro mosto cozido
e um gelado de figos numa jarra da Líbia,
à mistura com cebolas, caracóis e queijo.[136]
De um cliente do Piceno, veio-lhe ainda
um cestito incapaz de umas poucas azeitonas[137]
e um conjunto de sete peças cinzeladas
pelo buril grosseiro de um artífice de Sagunto,[138]

---

[128] Na poesia, por vezes, a 'olimpíada' é tomada como o espaço de cinco anos (= lustro).

[129] O loureiro. Dafne era uma ninfa que Apolo amou: perseguiu-a para se unir a ela, mas Dafne fugiu até que, prestes a ser agarrada, invocou a ajuda de Zeus, que a transformou em loureiro.

[130] Diana (a Ártemis grega).

[131] Epíteto de Baco.

[132] Cf. n. a II 85, 2. Os modestíssimos presentes que Sabelo recebeu, mas que tão satisfeito o deixaram, eram dos mais comuns, como se pode ver nos Livros XIII e XIV (*Xenia* e *Apophoreta*) de Marcial.

[133] Cf. XIII 7 e 8.

[134] Cf. XIII 4 e 5.

[135] Cf. XIII 35.

[136] Cf. XIII 30-33 e 34.

[137] Cf. XIII 36.

[138] Trata-se de peças em barro, o que acentua a ironia: o barro não se cinzelava, mas sim o ouro ou a prata. Além disso, as peças provinham de Sagunto (na Hispânia), cuja louça era tradicionalmente considerada de muito má qualidade (cf. VIII 6, 2; XIV 108).

uma obra em cerâmica rodada na Hispânia
e um guardanapo[139] ornado com larga faixa de púrpura.[140]
Saturnais que lhe dessem mais fruto
não tinha, havia dez anos, Sabelo.

47
A fogo Faetonte neste quadro mandaste pintar.[141]
Que queres tu, que Faetonte duas vezes pões a arder?[142]

48
Gostas que to espetem, Pápilo, mas, uma vez espetado, choras.
 Se queres que o façam, porque te queixas, Pápilo, depois de
[feito?
Arrependes-te dessa infame coceira? Ou não será antes
 que choras, Pápilo, porque to deixaram de espetar?

49
Vai por mim, Flaco, não sabe o que são epigramas
 quem lhes chama apenas frivolidades e passatempos.
Mais frívolo é quem descreve os banquetes do feroz
 Tereu[143] ou essa tua ceia, Tiestes[144] de mau estômago,
ou Dédalo a ligar ao filho as asas de fundir[145]
 ou Polifemo a apascentar ovelhas da Sicília.[146]

---

[139] Presente modesto, mas útil, dada a utilização que dele se fazia em Roma (v. n. a II 37, 7).

[140] Prenda apenas apropriada para um senador, que marcava a sua dignidade pela larga faixa púrpura (*laticlauus*) na toga.

[141] A *encaustica* era uma forma de pintar com tintas misturadas com cera e endurecidas ao fogo.

[142] Cf. n. a IV 25, 2.

[143] Tereu, rei da Trácia, seduziu Filomela, irmã de sua mulher Procne. Esta, para se vingar, serviu ao marido uma refeição confeccionada com o corpo em pedaços do filho de ambos, Ítis. V. n. a I 53, 9.

[144] V. n. a III 45, 1.

[145] V. n. a *Spect.* 10, 2.

[146] O Ciclope da *Odisseia*, que prendeu Ulisses e os companheiros na gruta em que vivia, para os ir devorando um a um. Vivia da pastorícia e foi, como é sabido, agarrados aos ventres das ovelhas que o herói e os companheiros sobreviventes conseguiram escapar do antro do gigante, depois de lhe terem cegado o seu único olho.

Toda a empola arredada está dos meus livrinhos,
   nem a minha musa se infla com as vestes caudatas[147] da insânia.
'Aquelas, porém, todos louvam, admiram e veneram.'
De acordo: louvam aquelas, mas são estas minhas que lêem.

50
Por que razão, Taís, me chamas velho a toda a hora?
Ninguém é velho, Taís, para o dar a chupar.

51
Quando nem seis mil sestércios tinhas, Ceciliano,
   andavas por todo o lado, em vistosa liteira de seis escravos;
assim que a deusa cega[148] dois milhões te deu e as moedas
   a tua bolsa romperam, eis que te tornaste peão.
Em troca de tais méritos e louvores, que posso eu desejar-te?
   Que os deuses, Ceciliano, te devolvam a liteira.

52
Se não deixas, Hédilo, de ser puxado por uma junta de cabras,
   então, de figo que antes eras, caprificado agora serás.[149]

53
Esse tipo, que amiúde vês, Cosmo, no santuário
   da nossa Palas e à entrada do templo novo,[150]
o velho de cajado e sacola, que traz uma cabeleira encanecida e
                                                                    [riça

---

[147] O *syrma* é a veste longa e com cauda que usavam as personagens da tragédia, em especial os deuses e os heróis. Simboliza aqui o género trágico de assunto mitológico, que Marcial exclui da sua inspiração, como também faz com a épica, representada pela figura de Polifemo.

[148] A *Fortuna*.

[149] O jogo de palavras *ficus / caprificus* pode ser interpretado de duas maneiras; se a *ficus* atribuirmos o valor de 'figo' (e, por extensão, 'valer um figo'), *caprificus* significará algo como 'tornar-se figueira brava'; se lhe dermos o sentido de 'hemorróide', então Marcial estará a atacar alguém que sofria desta doença (*ficus* = *ficosus*) e a explorar o sentido de *caprificus* (enquanto composto de *caper* e de *ficus*). Na tradução, optámos pela primeira hipótese, pois é a única que permite manter, em português, o jogo de palavras do original.

[150] Domiciano reconstruiu o templo a Augusto divinizado (*templum Diui Augusti*), no Palatino, ao qual associou um santuário a Minerva (Palas).

Livro IV

da poeira, e sobre o peito a sórdida barba deixa cair,
que um seboso manto cobre, qual esposa em miserável catre,
a quem a turba que passa dá umas buchas sacadas a latidos,
– julgas que é um cínico,[151] iludido por esta falsa imagem.
Cínico não é ele, Cosmo. Então que é? Um cão.[152]

54

Tu, a quem foi dado obter a coroa de carvalho da Tarpeia[153]
e mereces, com a primeira folhagem, os cabelos cingir,
se és avisado, Colino,[154] aproveita cada um dos dias
e olha sempre o que agora vives como se derradeiro fosse.[155]
As três jovens fiadeiras[156] ninguém, com preces, demover
   conseguiu:[157] elas fixaram um dia e é esse que observam.
Mais abastado que Crispo,[158] mais firme que o próprio
   [Trásea,[159]

---

[151] V. n. a III 93, 13. Os Cínicos constituíam um grupo que Domiciano considerou perigoso pois, misturados com o povo miúdo, falavam abertamente contra as circunstâncias políticas e sociais então vividas. Perseguiu-os e, por isso, a perspectiva de Marcial, como faz com os Judeus (v. n. a IV 4, 7) e os estóicos, é sempre desfavorável.

[152] Marcial joga com a (não segura) etimologia de 'Cínico' (gr. κυνικός), que viria de κύων ('cão'), pois tais filósofos levariam uma vida semelhante à desse animal.

[153] A rocha Tarpeia ficava no Capitólio, não muito longe do templo a Júpiter, em honra de quem se realizavam os *Ludi* aqui aludidos. Desse morro eram atirados os condenados por assassínio ou traição, já que Tarpeia fora uma jovem que, por ambição, traiu os Romanos na guerra que opunha Rómulo aos Sabinos. A estes facultou o acesso ao Capitólio a troco do que eles usavam no braço esquerdo (as riquíssimas jóias). Mas os Sabinos castigaram a traidora, esmagando-a até à morte sob os seus pesados escudos, que também transportavam na mão esquerda.

[154] Colino sagrou-se vencedor na 1ª edição dos Jogos Capitolinos (v. n. a IV 1, 6), no ano de 86, talvez na prova de poesia.

[155] De novo o tópico do *carpe diem* horaciano.

[156] As Parcas. V. n. a I 89, 9.

[157] A não ser, ao que diz Marcial, o generoso Vestino de IV 73, embora apenas por breves instantes.

[158] É duvidosa a identificação deste Crispo, tomado como exemplo de desmesurada riqueza. Poderá ser Passieno Crispo, segundo marido de Agripina e, portanto, padrasto de Nero, ou, com maior probabilidade, Víbio Crispo, famoso delator, orador e cônsul pela 3ª vez sob Domiciano. Ambos tinham fabulosas fortunas.

[159] V. n. a I 8, 1.

mais elegante que o refinado Mélior[160] podes ser:
nada ajunta Láquesis ao peso da tua lã e os fusos das irmãs
continua a desenrolar e sempre, das três, uma o fio corta.

55

Lúcio,[161] glória da tua geração,
que o velho Caio e o nosso Tago[162]
não deixas recuar frente à eloquente Arpino:[163]
que um poeta nascido entre cidades argivas
cante em seus versos Tebas ou Micenas
ou a clara Rodes ou, da libidinosa
Lacedémon, as palestras[164] de Leda.[165]
Mas eu, de Celtas e de Iberos gerado,
o nome mais duro da minha terra
em verso grato não me pejo de referir:
Bílbilis, famosa por seu fero metal,[166]
que ganha aos Cálibes e aos Nóricos;[167]
Plateia, sonante em seu ferro,
que, com curso minguado, mas inquieto,
o Salão circunda e às armas dá têmpera;[168]

---

[160] V. n. a II 69, 7.
[161] Orador compatriota de Marcial, cuja identificação é duvidosa.
[162] V. n. a I 49, 5. O *Tagus* é o rio Tejo.
[163] Pátria de Cícero.
[164] Esparta (= Lacedémon), onde o exercício físico sempre teve a maior importância (daí a alusão às palestras, aos ginásios). Os Romanos viram sempre com grande desconfiança o treino físico e a nudez dos atletas: muitos consideravam que a proximidade dos ginásios incentivava a homossexualidade e até que o declínio dos Gregos e da sua independência se devera aos costumes amolecidos dos que assistiam aos treinos e aos hábitos dissolutos dos que os praticavam (daí o adj. 'libidinosa'). Maior ainda era o perigo que tais práticas representavam para as mulheres que a elas assistissem, como o próprio Marcial revela (cf. III 68, 3-4).
[165] Leda, que Zeus, metamorfoseado em cisne, amou, e de quem concebeu filhos (entre os quais Helena e um ou os dois Dioscuros, Castor e Pólux), que deu à luz em Esparta. Era também mãe de Clitemnestra, a mulher de Agamémnon.
[166] A terra natal do poeta era famosa pela sua riqueza em minas e pelo fabrico de armas.
[167] Os Cálibes são povos do Ponto-Euxino que extraíam o ferro; sobre os Nóricos, v. n. a *Spect.* 26, 8.
[168] O actual rio Jalón, em cujas águas geladas se mergulhava o metal ao rubro, para se fazerem armas muito resistentes (v. I 49, 4; XIV 33).

Tutela e os coros de dança de Rixamaras
e os festivos banquetes de Cárduas
e Péteris, por grinaldas de rosas corado,
e Rigas, antigo teatro de nossos pais,[169]
e os Silaus, certeiros com o dardo ligeiro,
e os lagos de Turgonto e de Turásia
e as águas puras da humilde Tuetonissa
e o azinhal sagrado do Buradão,
por onde até o madraço viandante se passeia,
e os campos da sinuosa Vativesca,
que Mânlio com possantes novilhos cultiva.
Ris-te, requintado leitor, de tão rústicos
nomes?[170] Bem que podes rir-te, mas estes nomes
tão rústicos prefiro-os eu ao de Butuntos.[171]

56
Lá porque grandes presentes a velhos e viúvas mandas,
　já queres, Gargiliano, que liberal te vá chamar?
Nada mais imundo há, nada há mais sujo do que tu,
　que podes às tuas trapaças presentes chamar.
Assim o enganoso anzol atrai os ávidos peixes,
　assim a manhosa isca ilude as estúpidas feras.
O que é ser mãos-largas, o que é presentear, já to direi,
　se o não sabes: dá-me presentes a mim, Gargiliano.

57
Enquanto me detêm as meigas águas do voluptuoso Lucrino[172]
　e as grutas que as nascentes vulcânicas aquecem,

---

[169] Tratar-se-ia de um anfiteatro ou teatro natural, nas encostas de um monte.

[170] Todos os 'rústicos nomes' atrás referidos, evocados sobretudo por serem estranhos e arrevesados, simbolizam a dureza da pátria de Marcial, bela mas rude, de costumes opostos aos 'libidinosos' que as modas gregas haviam espalhado. A tentativa de identificação dos locais lembrados pelo poeta foi levada a cabo sobretudo por M. Dolç (*Hispania y Marcial*. Barcelona, 1953). Dispensamo-nos de enfadar o leitor com tais identificações, para mais quase nunca seguras.

[171] V. n. a II 48, 7.

[172] V. n. a I 62, 3.

tu habitas, Faustino,[173] o reino do colono argivo,[174]
  onde te leva, a partir de Roma, o vigésimo marco.
Mas ferve o terrível peito do monstro de Némea[175]
  e não basta que Baias[176] em seu fogo se abrase.
Portanto, sagradas fontes e aprazíveis costas, adeus,
  morada ao mesmo tempo de Ninfas e Nereides.
Às colinas de Hércules[177] vós ganhais, no gélido inverno,
  mas agora lugar cedei à frescura de Tíbur.

58
É na escuridão, Gala, que choras o marido que perdeste:
  creio que tens é[178] vergonha, Gala, de chorar um homem.

59
Quando os ramos chorosos das Helíades[179] uma víbora subia,
  uma gota de âmbar escorreu sobre o animal que se lhe
                              [opunha:[180]
enquanto se admirava de ficar presa no viscoso orvalho,
  enrijeceu, cativa de repente naquele bloco de gelo.
Não te comprazas, Cleópatra, de teu régio sepulcro,[181]
  se até uma víbora em túmulo mais nobre jaz.

60
Durante o solstício, Árdea[182] e os campos de Castro[183] se
                              [busquem

---

[173] V. n. a I 25, 1.

[174] Tíbur (hoje Tivoli), cuja fundação mítica se devia a Catilo, filho do herói grego Anfiarau.

[175] Alusão a uma das estrelas da constelação do Leão, que acentua o calor durante os meses de estio.

[176] V. n. a I 59, 1; 62, 3.

[177] Hércules era o patrono de Tíbur. V. n. a I 12, 1.

[178] Optámos pela lição *nam*, embora S. Bailey prefira *non*.

[179] V. n. a IV 32, 1.

[180] Cf. IV 32.

[181] Cleópatra, a rainha do Egipto que se matou deixando-se morder por uma áspide, foi sepultada grandiosamente no túmulo que para si mesma mandara construir.

[182] Cidade do Lácio, pátria de Turno, o herói rútulo que defrontou Eneias.

[183] Localidade próxima da anterior.

e a terra que se abrasa no astro de Cleonas,[184]
pois que Curiácio as auras de Tíbur[185] condena,
   ao ser enviado destas famosas águas para o Estige.[186]
De lugar algum podes expulsar os fados: quando a morte
   chegar, a Sardenha[187] no meio de Tíbur está.

61
Que um amigo te deu duzentos mil sestércios, Mancino,
   ainda há pouco, alegre e com ar triunfante apregoaste.
Quatro dias atrás, quando no clube dos poetas[188]
   conversávamos, afirmaste que aquela capa, no valor
de dez mil sestércios, era presente de Pompula;
   e uma sardónica genuína, cingida por três bandas,
e duas gemas semelhantes às ondas do mar,
   que eram oferta de Bassa e de Célia juraste.
Ontem, cantava ainda Polião[189] e do teatro
   subitamente saíste e informavas, ao abalar,
que trezentos mil em herança te haviam deixado
   e cem pela manhã e mais cem após o meio-dia.
Que mal tamanho te fizemos nós, os teus parceiros?
   Tem piedade, seu cruel, e cala-te de uma vez.
Ou então, se pôr tento nessa língua não se pode,
   conta, por uma vez, o que gostemos de ouvir.

62
A negra Licóris mudou-se para Tíbur, cara a Hércules,[190]
   por pensar que lá tudo se torna alvo de neve.[191]

---

[184] Cidade da Argólida, próxima de Némea. A expressão designa a constelação do Leão, mais propriamente a sua principal estrela, *Régulo*.
[185] V. n. a I 12, 1.
[186] V. n. a I 78, 4.
[187] Em tempos romanos, a Sardenha era tida como região insalubre.
[188] V. n. a III 20, 10.
[189] Célebre citaredo ou cantor (cf. III 20, 20), a que Juvenal também se refere (VI 387; VII 176).
[190] V. n. a I 12, 1.
[191] Por acção das águas sulfurosas.

63

Durante a travessia de Baulos para Baias,[192] certa mãe, Cerélia,
    pereceu engolida por culpa das vagas insanas.
Que glória tamanha assim perdestes! Atrocidade igual
    outrora não praticastes, águas, nem às ordens de Nero.[193]

64

As poucas jeiras de Júlio Marcial,[194]
mais ditosas que os jardins das Hespérides,[195]
na longa encosta do Janículo[196] se estendem.
Grutas profundas dominam a encosta
e o cume, aplanado e com um bojo discreto,
desfruta de um sol mais límpido
e, quando a neblina cobre os vales sinuosos,
só ele brilha, com uma luz especial.
Graciosamente, sobre as claras estrelas avança
o elegante tecto da elevada herdade.
Daqui, as sete colinas[197] senhoras se podem
divisar e apreciar Roma por inteiro,
e ainda os montes de Alba e de Túsculo
e todo o frescor que às portas da cidade se estende,
Fidenas antiga e a mimosa Rubras[198]

---

[192] Baulos era na Campânia, perto de Baias. Primitivamente chamava-se *Boaulia* ('estábulo para bois'), e aí se dizia que Hércules, regressando da *Hispania*, guardara os rebanhos de Gérion.

[193] Nesta mesma região deu-se a tentativa falhada de Nero assassinar sua mãe, Agripina, fazendo afundar o barco em que ela seguia. Mas Agripina salvou--se a nado, o que de pouco lhe valeu, pois o filho, nessa mesma noite, mandou-a apunhalar na sua casa de Baulos, onde se abrigara.

[194] V. n. a I 15, 1.

[195] V. n. a *Spect.* 24, 4.

[196] Colina na margem direita do Tibre. Só no fim da República o Janículo começou a ser apreciado como área residencial reservada aos mais abastados, que aí tinham as suas *uillae* suburbanas como a descrita por Marcial, perto da cidade mas com as vantagens do campo.

[197] O Capitólio, o Palatino, o Aventino, o Quirinal, o Viminal, o Esquilino, o Célio.

[198] Fidenas era uma muito antiga cidade sabina do Lácio; Rubras ficava perto de Veios, na Etrúria.

Livro IV

e o bosque, rico em frutos, de Ana Perena,[199]
que com o sangue das virgens[200] se deleita.
De lá, vê-se quem passa pela Flamínia
e pela Salária,[201] sem o barulho dos carros:
não molestem as rodas o brando sono,
que nem o canto dos remadores[202] romper
consegue nem o clamor dos arrastadores,
embora tão perto esteja a ponte Múlvia[203] e pelo Tibre
sagrado voem as escorregadias quilhas.
Esta casa de campo – ou de cidade se lhe deva chamar –
recomenda-a o seu dono: por tua a tomarias,
tão sem inveja e tão liberal ela é,
com tão gentil hospitalidade se franqueia.
Julgar-te-ias nos pios penates[204] de Alcínoo[205]
ou de Molorco, num repente feito rico.[206]
Vós que agora tudo isto achais acanhado,
com um cento de enxadas a gélida Tíbur
ou Preneste dominai e a pendente
Sécia[207] a um só agricultor entregai,
embora, em meu entender, se devam preferir
as poucas jeiras de Júlio Marcial.

---

[199] Divindade romana muito antiga, em cuja festa, celebrada nos Idos de Março (dia 15) num bosque sagrado a norte de Roma, na via Flamínia, as mulheres participavam cantando palavras obscenas.

[200] A lição *uirgineo cruore* é insegura e de interpretação incerta. Parece que as jovens consagravam a Ana Perena o seu primeiro sangue menstrual.

[201] A via Flamínia abria caminho, a norte de Roma, até ao Adriático. A via Salária, por onde circulava o comércio do sal, ligava Roma também ao Adriático, mas situava-se a nordeste da capital, atravessando a Sabina.

[202] O *celeuma* (v. n. a III 67, 4).

[203] Uma das mais antigas pontes sobre o Tibre, de que ainda hoje se pode apreciar uma parte. Integrava-se na via Flamínia, conduzindo ao norte de Roma.

[204] V. n. a I 70, 11.

[205] Alcínoo era o rei da ilha dos Feaces (talvez Corfu), que tão bem recebeu Ulisses após o naufrágio no regresso da ilha de Calipso. A filha de Alcínoo, Nausícaa, que encontrou o herói desfalecido na praia, acalentou o desejo de se casar com ele.

[206] Molorco era um pastor que deu guarida a Hércules quando este foi matar o leão de Némea.

[207] Antiga cidade do Lácio, afamada pelo vinho que aí se produzia (cf. XIII 112; 124; XIV 103).

65
É por um olho apenas que Filénis sempre chora.
Como pode isto ser? – logo perguntais. É que é zarolha.

66
Levaste sempre, Lino, uma existência provinciana
   e nada há que possa ser mais mesquinho que isso.
Raros foram os Idos e Calendas[208] em que sacudiste a toguita
   e chegou-te para dez estios um único vestido.[209]
O bosque deu-te o javali e o campo a lebre não comprada,
   a floresta batida os pingues tordos te ofereceu.
O peixe veio-te apanhado nos pegos do rio
   e a rubra vasilha deitou vinho não estrangeiro.
Não foi um delicado servidor, de terra argiva oriundo,
   que teu rude lar habitou, mas antes rústica turba.[210]
A feitora montaste ou a companheira dalgum duro rendeiro,
   sempre que o calor do vinho puro as veias ébrias te atingiu.
Nunca o fogo o teu tecto lesou nem Sírio os teus campos,
   nem no pélago se afundou nenhuma nau que nunca tiveste.
Nunca preferiste o dado ao simples ganiz[211]
   e à sorte não confiaste senão umas parcas nozes.[212]
Diz lá onde pára o milhão, que a avara da tua mãe deixou.
   Em parte nenhuma. Difícil, Lino, foi a proeza que fizeste!

67
O pobre do Gauro cem mil sestércios ao pretor
   pedia, seu conhecido de uma antiga amizade,
e dizia que era quanto lhe faltava juntar aos seus trezentos

---

[208] V. n. a III 6, 2.

[209] A *synthesis* (v. n. a II 46, 4).

[210] Os requintados escravos gregos custar-lhe-iam dinheiro que não tinha de pagar pelos *uernae*, os escravos nascidos em casa.

[211] O dado (*tessera lusoria*) tinha as seis faces marcadas, enquanto o ganiz (*talus*) apenas apresentava quatro faces numeradas (o dois e o cinco não existiam). Lino joga 'a feijões' (= a nozes) e apenas nos jogos de azar que deixam menos probabilidades de perder (cf. XIV 15; 19).

[212] V. n. a IV 14, 9.

para o imperador poder aplaudir,[213] como cavaleiro[214] de direito.
Respondeu-lhe o pretor: 'Sabes que a Escorpo e a Talo[215] vou
[pagar
e oxalá fosse de apenas cem mil o pagamento.'[216]
Ah, pejo ingrato; ah, pejo de um cofre injustamente cheio!
Não queres dar ao cavaleiro: e vais dá-lo, pretor, ao cavalo?

68
Convidas-me para um jantar de cem quadrantes[217] e tu jantas à
[grande.
É para jantar, Sexto, o teu convite ou antes para te invejar?

69
Tu vinhos de Sécia e do Mássico[218] sempre serves, Pápilo,
mas os rumores negam a excelência de tais vinhos:
conta-se que, com esse jarro, quatro vezes solteiro te tornaste.
Não julgo nem creio, Pápilo: nem tenho sede.[219]

70
Nada deixou, além de uma corda seca,[220] a Amiano
seu pai, ao morrer, nas derradeiras ordenações.

---

[213] Segundo a *lex Roscia theatralis* (v. n. a III 95, 10).

[214] 400 mil sestércios eram a quantia necessária para, no censo, se ser inscrito na ordem equestre.

[215] Aurigas célebres, ídolos da multidão pagos a peso de ouro e que suscitavam pesadas apostas (cf. V 25, 10; X 74; XI 1, 15-16). Sobre ambos possuímos inscrições: Flávio Escorpo, morto aos 27 anos (cf. X 53), obteve 2048 vitórias (*CIL* VI 10048). Talo figura na mesma inscrição, nomeado entre os mais célebres cocheiros, e também em VI 621, homenagem do próprio auriga ao deus Silvano. De Escorpo sabemos ainda o nome de um dos seus cavalos, Andrémon, que Marcial refere em X 9, 5 (cf. *CIL* VI 10052).

[216] Era o pretor quem tinha o encargo de dar jogos e espectáculos e pagar aos que neles intervinham. A maior parte do dinheiro para tal fim saía do seu próprio bolso. Muitos arruinavam-se, mas era essa, afinal, a melhor forma de propaganda política.

[217] O valor da espórtula; v. n. a III 7, 1 e 6.

[218] V. n. a IV 64, 34 e I 26, 8.

[219] Pela mesma razão que o leva a não comer os petiscos que Pôncia lhe envia (cf. VI 75, 4).

[220] Parece ser expressão proverbial: deixar uma corda seca (para se enforcar) é nada deixar em testamento.

Iria lá alguém pensar, Marulino, que se desse o caso
de Amiano não ter querido a morte do pai?

71

Busco há muito tempo, Safrónio Rufo, por toda a cidade,
 alguma cachopa que se negue: nenhuma cachopa se nega.
Como se impiedade fora, como se fora vileza negar-se,
 como se não permitido fora, nenhuma cachopa se nega.
Não há, portanto, nenhuma que seja casta? Castas há-as aos
 [milhares.
 Que faz então a casta? Não se dá, mas também não se nega.

72

Insistes em que te dê, Quinto, os meus livrinhos.
 Não tenho, mas Trífon, o livreiro,[221] é quem os tem.
'Um chavo irei dar por bagatelas e, em juízo, comprar as tuas
 [poesias?
 Tal maluqueira' – dizes tu – 'não a farei'. Eu também não.

73

Quando Vestino, enfermo, as últimas horas consumia
 e já estava a ponto de ir para as águas do Estige,[222]
rogou às irmãs[223] que a sua derradeira lã fiavam
 que retardassem, por breves instantes, os negros fusos:
defunto já para si, vivia ainda para os amigos caros.
 Acederam as inexoráveis deusas a súplica tão piedosa.
Repartiu, então, a vasta fortuna e a luz do dia abandonou,
 com a sensação, depois disto, de que morria já velho.

74

Vês como inermes gamos se atacam em tão violentos
 combates? tamanha a ira que anima tão tímidas feras?

---

[221] Trífon, o *bibliopola* (v. n. a I 2, 7) de Marcial, parece ser o mesmo que Quintiliano louva na epístola introdutória à *Institutio Oratoria*, pela sua *fides* e *diligentia*.
[222] V. n. a I 78, 4.
[223] V. n. a I 88, 9.

Em lançar-se para a morte com as fracas frontes anseiam.
  Queres, César, poupar esses gamos? Atiça-lhes os cães.[224]

75

Oh, feliz por teu carácter, feliz, Nigrina,[225] por teu marido
  e glória sem-par entre as mulheres do Lácio:
agrada-te unir os bens paternos aos de teu esposo,
  gostas de ver em teu homem um sócio e co-herdeiro.[226]
Que Evadne arda, depois de lançar-se na pira do marido,[227]
  e que uma fama não menor eleve Alceste[228] aos céus.
Tu fizeste melhor: com o penhor seguro da vida, mereceste
  não ter de provar o teu amor com a morte.

76

Seis mil sestércios me enviaste, quando duas vezes seis eu te
                                                        [pedia:
  para duas vezes seis receber, duas vezes doze terei de pedir.

77

Nunca riquezas aos deuses supliquei,
  contente com pouco e com o meu alegre:
tem paciência, pobreza, e põe-te a andar.
  Qual será a causa deste súbito e insólito voto?
É que a Zoilo pendurado eu quero ver.

78

Agora que já tens amealhada a sexagésima colheita
  e o teu rosto resplandece com muitos pêlos brancos,
percorres, à doida, a cidade inteira e não há um único assento

---

[224] Sobre o mesmo assunto, v. IV 35.

[225] Nigrina é a mulher de Antístio Rústico (v. IX 30).

[226] Como se vê, Nigrina é uma das muitas Romanas que, nesta época, dispunham dos seus bens. O que a distingue da maioria é que tudo partilha com o marido.

[227] Evadne era mulher de Capaneu, um dos Sete que marcharam contra Tebas. Zeus fulminou-o quando escalava a muralha da cidade. Evadne lançou-se na pira fúnebre do marido, não conseguindo suportar a dor de tal perda.

[228] Alceste era mulher de Admeto e preferiu morrer em vez do marido. Héracles foi, porém, buscá-la aos Infernos, tocado por tão sublime sacrifício.

aonde, pela manhã, não leves o teu pressuroso 'Bom dia';[229]
sem a tua presença, a nenhum tribuno é dado sair de casa
e a tua saudação oficial não falta a um e outro cônsul;
e dez vezes ao dia sobes ao Palácio sobre a encosta sagrada[230]
e na boca trazes somente Sigeros e Parténios.[231]
Ainda vá que os jovens assim procedam: mas, Afro,
nada mais desastrado há que um velho metediço.

79

Eras sempre meu hóspede, Matão, na minha casa de Tíbur.
Vais comprá-la. Passei-te a perna: é a tua casa que te vendo.

80

Declamas abatido em febre, Máron: se não sabes que isso
é delirar, não regulas bem, amigo Máron.
Declamas enfermo, declamas com febre semiterçã:[232]
se de outra forma suar não podes – muito bem.
'Ainda assim, é uma grande coisa.' Errado; quando a febre
as entranhas nos queima, grande coisa é calar-se, Máron.

81

Porque Fabula aquele meu epigrama leu,[233]
onde me queixo de nenhuma cachopa se negar,
mesmo rogada uma e duas e três vezes, desdenhou
as preces do amante. Anda lá, Fabula, aceita:
aconselhei a negar, não a ficar-se pela nega.

82

Rufo, recomenda também a Venuleio[234] estes livritos
e pede-lhe que me conceda algum do seu vagar,
e que, esquecido um pouco de curas e trabalhos,

---

[229] V. n. a I 55, 6.
[230] V. n. a I 70, 5.
[231] Por antonomásia, Marcial evoca todos os poderosos *ministri* de Domiciano. Sobre Parténio, v. n. a IV 45, 2. Sigero era um liberto que exercia as funções de mordomo do *princeps*.
[232] V. n. a II 40, 1.
[233] Cf. IV 71.
[234] Poderá tratar-se de Lúcio Venuleio Montano Aproniano, cônsul em 92.

não julgue, com ouvido severo, as minhas ninharias.
Não as leia, porém, depois do primeiro nem do último copo,[235]
   mas antes a meio, quando Baco suas disputas aprecia.
Se for de mais ler as duas, deixa enrolada uma
   das folhas: assim dividida, breve a obra se tornará.

83
Sossegado, Névolo, nada é pior do que tu; no entanto,
   inquieto, Névolo, nada é melhor do que tu.
Sossegado, a ninguém ressaúdas, a todos desprezas,
   ninguém, para ti, nasceu livre ou ser humano sequer.
Inquieto, dás presentes, por "senhor" e "rei"[236] saúdas,
   fazes convites. Trata de estar, Névolo, sempre inquieto.

84
Não há na multidão nem na cidade inteira
quem prove que a Taís tenha fodido,
embora muitos a desejem e lho peçam muitos.
Pergunto: é Taís assim tão casta? Não, faz broches.

85
Nós bebemos em copos de vidro e tu, Pôntico, de murra.[237]
                                                        [Porquê?
Para que o cristal do copo não denuncie dois tipos de vinho.

86
Se queres por ouvido ático[238] ser aprovado,
aconselho e recomendo-te, livrinho,
que agrades ao douto Apolinar.[239]
Ninguém há mais rigoroso e erudito,
nem sequer mais sincero e benevolente.

---

[235] Como o nome indica, o *triens* era 1/3 do *sextarius*, que correspondia, em termos latos, ao nosso 1/2 litro.

[236] V. n. a I 112, 1.

[237] V. n. a III 26, 2.

[238] O mais apurado, dada a pacífica aceitação da superioridade grega, em termos de poesia e cultura em geral.

[239] Deve tratar-se de Lúcio Domício Apolinar, governador da Lícia-Panfília de 93 a 95, cônsul em 97 (cf. *CIL* VI 9310).

Se ele te acolher em seu peito e em sua boca,
não temerás a mofa dos mais invejosos,
nem darás em vil embrulho[240] para cavalas.
Se te condenar, para as caixas de salga
poderás, sem detença, correr, merecedor
de gatafunhos de miúdo no reverso da folha.[241]

87

A tua Bassa, Fabulo, sempre um miúdo consigo
 traz, a quem seu brinco e delícias chama,
e o que mais espanta é que não é dada a miúdos.
 Qual será, pois, o motivo? É que Bassa é dada a peidos.

88

Com presente algum retribuíste a minha pequena lembrança
 e já se passaram cinco dias da festa de Saturno.[242]
Pois se nem seis escrúpulos[243] de prata septiciana[244] enviaste,
 nem um guardanapo,[245] dádiva de algum cliente queixoso,
nem uma jarra avermelhada pelo sangue do atum
 de Antípolis[246] nem cheia de pequenos figos da Síria,
nem um leve cesto de azeitonas mirradas do Piceno,[247]
 – como podes tu dizer que te lembraste de mim?
Poderás enganar os outros com palavras e ar afável,
 que para mim já és um hipócrita bem conhecido.

---

[240] Marcial emprega a expressão *tunica molesta*, aqui traduzida por 'vil embrulho': os poemas de Marcial só servirão para embrulhar peixes malcheirosos (v. n. a III 2, 5). A *tunica molesta*, porém, era a veste embebida em pez e resina que envergavam os condenados ao suplício do fogo.

[241] Outra forma de reciclar 'papel' era utilizar o verso para rascunhos e exercícios escolares.

[242] V. n. a II 85, 2.

[243] O *scripulum* correspondia à 24ª parte de uma *uncia* e era, portanto, um peso irrisório.

[244] A avaliar por VIII 71, 6, tratava-se de prata de qualidade inferior.

[245] V. n. a II 37, 7.

[246] Cf. XIII 103. Antípolis, na Gália Narbonense, é a actual Antibes.

[247] Note-se que Marcial retoma vários dos presentes recebidos pelo Sabelo de IV 46.

Livro IV

89

Alto aí, que já basta, alto aí, livrinho,
que já chegámos ao final do rolo.[248]
Tu queres avançar e continuar ainda
e não podes ficar-te pela última folha,
como se não tivesses terminado a missão
que até na primeira página terminada estava.
Já o leitor se lamenta e desanima,
já o próprio copista exclama também:
'Alto aí, que já basta, alto aí, livrinho!'

---

[248] Marcial diz *ad umbilicos*. Sobre o *umbilicus*, v. n. a I 66, 11; III 2, 11.

EPIGRAMAS
LIVRO V

LIVRO V

1

Este livrinho, quer desfrutes das colinas de Alba paládia,[1]
César,[2] e de um lado a Trívia[3] enxergues, do outro a Tétis,[4]
quer as irmãs da verdade aprendam teus oráculos,
   lá onde se espraiam, mansas, as ondas do mar suburbano,[5]
quer te agrade a ama de Eneias,[6] quer a filha do Sol,[7]
   quer a branca Ânxur com suas águas salutares,[8]
este livrinho, dizia, te envio, ó feliz protector e salvador do estado,
   na tua saúde testemunhamos a gratidão de Júpiter.[9]
Digna-te apenas aceitá-lo: eu vou cuidar que tu o leste
   e, inchado, fruir da minha gaulesa credulidade.[10]

---

[1] De entre todas as suas *uillae*, Domiciano parece ter preferido a de Alba Longa (hoje Castel Gandolfo), a cidade fundada por Ascânio, filho de Eneias, a sul de Roma. Aí reunia o seu *consilium* pessoal, aí viveu muitos dos seus amores, aí celebrava os Jogos Albanos dedicados a Palas, a deusa Minerva (v. n. a IV 1, 5).

[2] Marcial ousa enfim dedicar abertamente um livro a Domiciano.

[3] Epíteto de Diana (consagrando o facto de ser deusa das encruzilhadas), que tinha um templo perto de Alba, junto a um lago de origem vulcânica a que Marcial aqui alude.

[4] Tétis, a ninfa mãe de Aquiles, representa aqui o mar Mediterrâneo.

[5] Domiciano possuía outra *uilla* em Âncio, num promontório na costa a sul de Roma. Aí se situava um templo às *Fortunae Antiates*, veneradas sob duas figuras femininas (a *Fortuna Victrix* e a *Fortuna Felix*), bem como um oráculo. A adulação de Marcial vai ao ponto de dizer que Domiciano tem lições para dar às próprias deusas.

[6] Caieta (hoje Gaeta), também num promontório da costa do Lácio. A localidade recebeu o nome da ama de Eneias, que aí fora sepultada.

[7] Circeios, entre Âncio e Caieta, localidade cujo nome deriva de Circe, a feiticeira filha do Sol. Esta *uilla* de Domiciano foi já identificada e escavada.

[8] Também na costa do Lácio, entre Circeios e Caieta, com nascentes de água quente e sulfurosa de propriedades medicinais. V. n. a VI 42, 6.

[9] Júpiter é o primeiro interessado na saúde e preservação de Domiciano, não só porque ele é o supremo e justo chefe de Roma, mas também por gratidão, dado que o imperador lhe presta culto privilegiado, reconstruindo e erigindo templos, criando os Jogos Capitolinos (v. n. a IV 1, 6)... Além disso, Domiciano espalhara a versão de que participara na defesa do Capitólio em 69, aquando do devastador ataque das tropas vitelianas (v. n. a VI 4, 3).

[10] Era proverbial a credulidade dos Gauleses, baseada, ao que parece, na informação de Júlio César (*Guerra das Gálias* IV 5) de que eles acreditavam

2

Matronas,[11] rapazes e donzelas,
a vós as páginas minhas se dedicam.
Tu, a quem as malícias mais provocantes
tanto deleitam e as piadas descaradas,
lê os quatro primeiros livrinhos travessos:[12]
o quinto livro brinca com o seu senhor.
Este possa lê-lo Germânico,[13] sem a sua face
corar, na presença da cecrópia donzela.[14]

3

Habitante, ó Germânico,[15] da costa que agora é nossa,[16] Dégis,[17]
que, das águas subjugadas[18] do Histro,[19] veio a ti,
contente e atónito por ter visto, há pouco, o protector do mundo,
 aos seus companheiros se diz que assim falou:
'A minha sorte é melhor que a do meu irmão,[20] pois de tão perto
 [me é lícito

---

facilmente em todas as informações que os viajantes lhes forneciam, tomando decisões importantes apenas com base em rumores.

[11] V. n. a III 68, 1.

[12] Marcial, neste livro que quer seja de costumes mitigados, muda de 'público--alvo'. Recorde-se o que disse em III 68 e 69.

[13] V. n. a II 2, 4.

[14] Domiciano, tomado como modelo de rectidão de costumes, só poderá ler um livro em que impere o decoro e que possa partilhar com Minerva, a deusa virgem a que dava a sua predilecção, dita 'cecrópia' por ser a patrona de Atenas (v. n. a I 25, 3).

[15] V. n. a II 2, 4.

[16] Após a vitória de Tapas, Domiciano fez uma paz táctica com Decébalo, pois, parece, quis evitar a guerra em duas frentes: é que entretanto os Quados e os Marcomanos haviam atacado território romano. V. n. a VI 10 e 76.

[17] V. n. a VI 10, 7.

[18] Marcial exagera por razões de propaganda política. Só Trajano subjugou a Dácia, tornando-a província romana em 106, após duas campanhas militares ilustradas nos relevos da coluna de Trajano.

[19] O Danúbio.

[20] Decébalo, que se encontrara com Domiciano nas margens do Danúbio para estabelecer as condições de paz, por muitos consideradas vergonhosas para os Romanos. De facto, os Dacos devolveram armas e reféns, mas não as máquinas de guerra e o estandarte que haviam tomado a Cornélio Fusco (cf. VI 76). Além disso, recebiam dos Romanos dinheiro e um subsídio anual, bem como artesãos vários e engenheiros militares para a reconstrução do país.

Livro V

contemplar o deus[21] que, de tão longe, ele venera.'

4

Muito costuma feder Míbrtale por causa do vinho,
mas, para nos enganar, devora folhas de louro[22]
e o vinho com prudente folhagem,[23] não com água, o mistura.[24]
Sempre que a vires, Paulo, aproximar-se,
com a cara vermelhusca e as veias inchadas,
bem podes dizer: 'Mírtale bebeu do louro.'[25]

5

Sexto,[26] eloquente cultor da Minerva palatina,
 tu que gozas, mais de perto, da inspiração de um deus[27]
(já que te é dado conhecer, ao nascerem, os trabalhos do teu
 [senhor,[28]
e te é lícito penetrar os secretos pensamentos do nosso chefe),
oxalá encontres também lugar em alguma parte para os meus
 [livrinhos,
 onde Pedão, onde Marso e onde Catulo[29] estiverem.
Junto aos divinos poemas sobre a guerra capitolina[30]

---

[21] Domiciano, deus na terra.

[22] Processo semelhante usava a Fescénia de I 87.

[23] Parece correcta a interpretação de HOWELL (1995: 21), segundo a qual *cauta* concorda com *fraude*. Não se trata, pois, de advérbio, nem qualifica *Myrtale*, como pretendem respectivamente IZAAC (1930: 148 e 260) e NORCIO (1980: 339).

[24] O vinho que bebia era puro, *merum* (v. n. a II 1, 10), o que aponta para uma beberrona inveterada.

[25] Poderá neste epigrama descortinar-se cómica alusão aos delírios da Pítia do oráculo de Delfos, cujos êxtases proféticos eram provocados por folhas de louro, que mastigava ou queimava. Mírtale também cambaleia e diz coisas sem nexo, mas é da bebida...

[26] Liberto que desempenhava as funções de *a studiis* de Domiciano, isto é, seu secretário e bibliotecário. Também ele teria ambições literárias, como Marcial insinua dizendo-o cultor de Minerva.

[27] Domiciano, simples e irrevogavelmente nomeado como deus.

[28] Muitos são os testemunhos, além do de Marcial, sobre a actividade poética de Domiciano. Sílio Itálico, Estácio, Quintiliano, Plínio-o-Velho, fazem alusões elogiosas. Suetónio e Tácito garantem que tal gosto não passava de simulação.

[29] V. n 2 a I *praef.*

[30] Domiciano terá escrito um poema épico sobre o combate do Capitólio de Dezembro de 69 entre as tropas de Vitélio e as de Vespasiano (v. n. a VI 10, 2).

coloca <apenas> a obra grandiosa do egrégio Marão.[31]

6

Se não for maçada, nem demasiado incómodo,
Musas, peçam ao vosso Parténio:[32]
assim uma velhice bem tardia e serena ponha um dia
termo à tua vida, enquanto César continua florescente
e que possas gozar de uma felicidade isenta de inveja,
assim Burro sinta depressa o valor de seu pai:
acolhe este tímido e breve escrito
para além do limiar de corte tão veneranda.
Tu conheces os momentos de serenidade de Júpiter,[33]
quando resplandece com seu plácido rosto,
com que nada aos suplicantes costuma negar.
Não tens que temer pedidos deslocados:
nunca serão excessivos nem molestos os rogos
do meu livro que, ornado de óleo de cedro
e púrpura, cresceu em torno de um negro cilindro.[34]
Não apresentes o volume, mas segura-o na mão,
como se nada tivesses que oferecer ou que fazer.
Se bem conheço o senhor das nove irmãs,[35]
de livre iniciativa te pedirá o purpúreo livrinho.

7

Como renovam os incêndios os assírios ninhos,
    sempre que uma ave viveu dez séculos,[36]

---

[31] V. n. a I 61, 2. Note-se, todavia, que os poemas de Domiciano são 'divinos' (*caelestia carmina*), enquanto a obra de Vergílio é apenas grandiosa (*grande opus*), o que de imediato estabelece uma seriação em termos de valor.

[32] V. n. a IV 45, 2. O possessivo 'vosso' sugere que Parténio era também tocado pela inspiração poética.

[33] Domiciano.

[34] V. n. a III 2, 11.

[35] As Musas (v. n. a III 68, 6), que Marcial faz dependerem de Domiciano, e não de Apolo...

[36] A fénix, ave fabulosa que se dizia viver quinhentos anos (ou mil, como diz Marcial), após os quais se consumia em fogo, para logo renascer das próprias cinzas. Simboliza aqui a nova era que Domiciano instituiu em Roma, reerguendo-a das cinzas.

Livro V

assim se despojou a nova Roma da antiga velhice
e tomou o aspecto do seu protector.[37]
Já esquecido dos queixumes contra nós,[38] peço-te, Vulcano:
poupa-nos: somos a turba de Marte, mas também de Vénus.[39]
Poupa-nos, pai: assim as cadeias de Lemnos[40] te perdoe
a voluptuosa esposa e com submissão te ame.

8

O edicto de nosso senhor e deus,[41]
segundo o qual se fixam os assentos
e os cavaleiros recobraram as filas que lhes competiam,[42]
enquanto Fásis o louvava há pouco no teatro,
Fásis, vermelho na sua lacerna purpúrea,
e proclamava, com ar soberbo e voz enfática:
'Enfim, mais à vontade é possível sentarmo-nos,
agora que foi restituída a dignidade equestre;
pela multidão não somos apertados, nem manchados' –

---

[37] Foi notável o esforço de Domiciano para embelezar a cidade de Roma, nomeadamente nas zonas arrasadas pelo terrível fogo que, em 80, devastou a capital, destruindo alguns dos seus mais belos monumentos. Além disso, erigiu na cidade vários altares a Vulcano.

[38] Vulcano, deus do fogo, não simpatizaria muito com os Romanos, descendentes de Marte (pai de Rómulo e Remo), o deus com quem Vénus cometera adultério. V. n. a VI 21, 7. Assim se explicaria o flagelo dos fogos que amiúde assolavam Roma, entre os quais se destaca o do ano 64, que depois se disse ter sido ateado por Nero, quando só três das catorze regiões em que a capital estava dividida ficaram intactas.

[39] Por intermédio de Eneias e Ascânio (v. n. a VI 3, 1). Vulcano amava a sua belíssima esposa adúltera.

[40] A ilha vulcânica do mar Egeu onde vivia o deus e onde decorreu o episódio da descoberta dos amores de Marte e Vénus (Ares e Afrodite), como conta Homero na *Odisseia* (VIII 266 ss.).

[41] A partir de 89, Domiciano ordenou que, quando a ele se referissem quer por escrito quer oralmente, lhe chamassem apenas *dominus et deus*, isto é, atribuindo-se as funções de um deus e considerando todos os Romanos como seus escravos (v. n. a I 81, 2). Marcial nem nesse aspecto descurou a adulação.

[42] V. n. a III 95, 10.

— enquanto estas e outras semelhantes proferia, emproado,
eis que Leito[43] ordena àquela lacerna,[44]
purpúrea e arrogante, que se erga.[45]

9

Tinha um resfriado: mas tu, com um cento de alunos,
　logo vieste, Símaco, a minha casa.
Um cento de mãos, geladas pelo aquilão,[46] me apalparam:
　não tinha febre, Símaco: agora tenho.[47]

10

'Como posso explicar que aos vivos se negue a fama
　e que raro leitor aprecie seus contemporâneos?'
Estes são, com certeza, Régulo,[48] os hábitos da inveja:
　sempre preferir os antigos aos novos.
Assim, ingratos, buscamos de Pompeio[49] a velha sombra,
　assim os velhos louvam o templo grosseiro de Cátulo.[50]
Énio[51] foi lido, Roma, enquanto ainda tinhas vivo Marão,[52]
　e as gerações do tempo riram-se do Meónide;[53]

---

[43] O 'arrumador' e fiscal, que vigia pelo cumprimento da lei.
[44] V. n. a II 43, 7.
[45] Fásis (nome grego que o denuncia de imediato como liberto) é mais um impostor que se mistura com os cavaleiros a fingir o que não é.
[46] O vento norte.
[47] V. n. a I 30, 1.
[48] V. n. a I 12, 8 e VI 38, 10.
[49] O pórtico de Pompeio, construído em 55 a.C.
[50] Quinto Lutácio Cátulo, o responsável pela reconstrução do templo a Júpiter Capitolino após o primeiro incêndio que sofreu e o destruiu completamente em 83 a.C.
[51] Quinto Énio (239 – 169 a.C.), autor de tragédias e de um poema épico, *Annales* (de que restam c. 600 versos), escrito em hexâmetros dactílicos, o metro da épica grega, e já não no antigo verso latino, o saturnio. Acompanhava a história de Roma desde os primórdios míticos até ao presente. A obra de Énio foi muito admirada por escritores como Cícero e Vergílio, e até a *Eneida* se tornar o poema nacional por excelência, era Énio o épico latino que se estudava nas escolas.
[52] V. n. a I 61, 2.
[53] Homero, que a tradição dizia ter nascido em Meónia, a Lídia, província da Ásia Menor.

raros teatros aplaudiram e coroaram a Menandro,[54]
só Corina[55] conhecia o seu Nasão.
Vocês, porém, não se apressem, meus livrinhos:
se a glória só vem depois da morte, não tenho muita pressa.[56]

11

Sardónicas, esmeraldas, diamantes, jaspes,
   revolve-os, Severo, o meu Estela[57] em um só dedo.
Muitas preciosidades[58] nos dedos, e mais ainda no poema
   vais encontrar: daí lhe vem, cuido eu, a elegância desta mão.[59]

12

Que Masclião, arrogante, eleve
pesos que oscilam na vara que apoia à testa,
ou o gigante Nino, com toda a força dos seus braços,
levante sete ou oito rapazes,[60]
o feito não me parece assim difícil:
com um único dedo – não importa qual –
traz o meu caro Estela dez raparigas.[61]

---

[54] Menandro (342 – c. 292 a.C.) foi o mais importante comediógrafo grego depois de Aristófanes. Também Quintiliano diz que a sua fama só se espalhou após a morte: em vida, apenas oito das suas mais de cem comédias foram premiadas. Às suas peças foram Plauto e Terêncio buscar temas e personagens.

[55] Nome sob o qual Ovídio (v. n. a I 61, 6) celebrava a(s) sua(s) amada(s). Mas a informação de Marcial é distorcida: Ovídio era conhecido e apreciado em Roma, pelo menos até Augusto o exilar em Tomos e banir algumas das suas obras por imoralidade.

[56] Cf. perspectiva pessoal ligeiramente diversa em I 25, 8.

[57] V. n. a I 7, 1.

[58] Marcial usa o substantivo *gemmae*, que significa 'pedras preciosas, gemas', mas também ornatos poéticos, artifícios retóricos. Estela é rico, mas também (bom) poeta.

[59] *Manus* é usado no duplo sentido de 'mão' (que ostenta o anel) e 'obra' (escrita por essa mão). Ambas traduzem a elegância de Estela.

[60] Masclião e Nino são atletas de que nada sabemos.

[61] Com certeza as dez pedras preciosas que Estela tinha no seu fabuloso anel. Há quem pense que seriam dez efígies femininas gravadas nessas pedras (a amada Violentila – cf. n. a VI 21, 1 – e as nove Musas?).

13

Sou, reconheço-o, e sempre fui, Calístrato,[62] pobre,
   mas não um cavaleiro ignorado nem malvisto,[63]
mas sou lido em todo o mundo e não raro se diz: 'Aqui está ele';[64]
   o que as cinzas a poucos deram, a mim a vida o concedeu.
Mas os teus tectos apoiam-se sobre centenas de colunas,
   e a arca rebenta com as riquezas de um liberto,
e a vasta gleba de Siene[65] do Nilo está ao teu dispor
   e a gálica Parma tosquia para ti rebanhos sem conta.[66]
Assim somos tu e eu: mas o que sou, não o podes ser:
   tu, o que és, qualquer um do povo o pode ser.

14

Acostumado a sentar-se sempre na primeira fila,
   quando lhe era lícito ocupá-la, Naneio,
duas e três vezes banido,[67] mudou os arraiais,
mas entre esses assentos, quase como um terceiro,
   depois de Gaio e de Lúcio,[68] abancou.
Daí espreita uma cabeça coberta com um capuz
   e, com ar caricato, segue os jogos por um só olho.
Também daqui expulso, o infeliz passa para o corredor,
   e meio apoiado na ponta do banco,
e, mal acomodado, com um joelho se vangloria
de com um cavaleiro estar sentado, com o outro diz a Leito[69] que
   [está de pé.

---

[62] Nome grego que aponta para a condição de liberto deste riquíssimo homem. Marcial revolta-se de novo contra a inversão social e a injustiça com que são tratados os que têm génio mas não dinheiro.

[63] A lítotes realça o orgulho sentido pela dignidade e os privilégios recebidos (v. n. a II 91, 6 e III 95, 10).

[64] Em tempos em que a televisão e a *internet* não existiam, esta era sem dúvida marca de grande popularidade. Resta saber até que ponto Marcial não se gaba do que não tinha.

[65] V. n. a I 86, 7. As propriedades no Egipto eram extremamente rendosas. Basta lembrar que o trigo que abastecia Roma vinha quase exclusivamente dessa região.

[66] V. n. a IV 37, 5. Parma, no vale do Pó, situava-se na Gália Cisalpina.

[67] V. n. a III 95, 10.

[68] Nomes escolhidos ao acaso entre os mais vulgares. Hoje poderíamos dizer 'Fulano e Sicrano'.

[69] V. n. a V 8, 11.

15
Este é, Augusto,[70] o quinto livro dos meus gracejos
  e ninguém, ofendido, se queixa da minha poesia,[71]
antes se alegra muito leitor por ver honrado seu nome,
  pois, graças a mim, recebe fama imorredoira.
'Mas de que te servem estes poemas, ainda que a muitos honrem?'[72]
  De nada me servem, mas, ainda assim, me dão prazer.

16
Coisas sérias podia escrever, mas as divertidas
  prefiro: por tua causa, leitor amigo, o faço,
tu que lês e recitas meus versos por toda a Roma:
  mas não sabes quanto me custa tal afeição.
De facto, se quisesse defender o templo do falcífero
  Tonante[73] e vender palavras a desesperados réus,[74]
muito marinheiro me enviaria metretas[75] de Hispânia[76]
  e os meus bolsos[77] ficariam imundos com todo o tipo de moedas.
Mas por enquanto o meu livrinho é um conviva e um boémio,
  e apenas de graça meus versos agradam.

---

[70] V. n. a IV 27, 1.

[71] Não é gratuitamente que Marcial o assegura ao imperador. V. n. 1 a I *praef.*

[72] Como fizera em I 5, Marcial imagina um diálogo em que Domiciano é interveniente.

[73] Saturno, dito 'falcífero' porque a foice era o atributo deste deus consagrado aos trabalhos agrícolas. Outros interpretam o epíteto como alusão ao facto de Saturno (identificado com o deus grego Crono), a pedido de sua mãe, Geia ('terra'), ter castrado seu pai, Úrano ('céu'), com uma foice, para evitar que ela continuasse a ter filhos atrás de filhos, aos quais o marido nem sequer deixava ver a luz do dia. O templo de Saturno, no Capitólio, abrigava o *aerarium publicum*, o tesouro do Estado. Defender esse templo era defender as finanças do Estado, o que nunca foi tarefa mal recompensada.

[74] Isto é: se quisesse fazer uso dos meus dotes oratórios como advogado, profissão das mais rendosas (v. n. a II 13, 2).

[75] Originalmente, medida de capacidade grega (c. 27 l). Depois designou grandes recipientes de barro, sobretudo usados para transporte de azeite ou vinho. Por aqui se vê que os advogados eram frequentemente pagos 'em géneros'.

[76] O azeite desta região era dos mais apreciados.

[77] Marcial usa *sinus*, a dobra ou prega da toga ou da túnica em que se guardava a bolsa do dinheiro.

Mas não só de louvor se contentaram os antigos,
 quando a mais pequena prenda para o poeta era um Aléxis.[78]
'Falaste bem', dizes tu: 'De acordo.[79] Contarás sempre com o
 [meu louvor.'
Disfarças? Vais fazer de mim, cuido eu, um advogado.[80]

17

Bem que mencionavas bisavós e trisavós e nomes ilustres,
 bem que a teus olhos a minha condição de cavaleiro era vil,
 bem que dizias que não podias casar senão com um laticlávio,[81]
 <mas> acabaste, Gélia, por casar com um sargento da polícia.[82]

18

Porque, no mês de dezembro,[83] em que voam os guardanapos,[84]
as esguias colheres,[85] as velas[86] e os papiros[87]

---

[78] Jovem escravo, inteligente e culto, que Asínio Polião (ou, para Marcial, Mecenas: cf. VII 29; VIII 55) terá dado a Vergílio, como recompensa pelo seu génio literário, e que o poeta da *Eneida* amou ternamente (*Bucólicas* 2.1).

[79] Seguimos as lições de BAILEY (1990: 154), NORCIO (1980: 346-7) e HOWELL (1995: 30-1), que apresentam '*dixti: iuuat et....*', em detrimento da de IZAAC (1930: 153), onde se lê: '*dixti: satis et....*', «falaste: é quanto basta....».

[80] Obrigado pela força das circunstâncias: a penúria.

[81] Um senador, cuja toga exibia a larga faixa de púrpura (*laticlauus*).

[82] A lição de BAILEY (1990: 155) apresenta, no aparato crítico, «4 cistibero g (cf. Lindsay1): -tifero Tb». Segundo HOWELL (1995: 30-1 e 95), *cistiber* era um dos «cinco homens do lado de cá do Tibre» (*quinque uiri cis Tiberim*) que, por decreto do Senado, de 186 a. C., contra as Bacanais, tinham a missão de ajudar os *tres uires capitales* no policiamento de Roma. Por isso, traduz *cistiber* por 'sargento da polícia'. Apesar de as lições de IZAAC (1930: 153 e 260-1) e de NORCIO (1980: 346-7) conservarem *cistibero* no corpo do texto e chamarem a atenção, no aparato crítico e numa simples nota de rodapé, respectivamente, para a existência de manuscritos que apresentam *cistifero*, a verdade é que estes autores julgam que a palavra se refere à pessoa humilde que, nas festas em honra de Baco, transportava os objectos sagrados. Assim, IZAAC e NORCIO parecem traduzir *cistibero* como se de *cistifero* se tratasse: o primeiro verte por 'porta-cestos' e o segundo por 'sacristão'. A opção de IZAAC e de NORCIO parece algo incongruente.

[83] Durante as Saturnais (v. n. a II 85, 2). Vários dos presentes aqui referidos são apresentados no Livro XIV, recolha de dísticos para acompanhar esses donativos na época festiva.

[84] Presente muito útil (v. n. a II 37, 7).

[85] O único dos talheres que os Romanos usavam à mesa. Cf. XIV 120; 121.

[86] V. XIV 42.

[87] V. XIV 10.

e as aguçadas jarras com velhos damascos,[88]
porque, dizia, nada, além dos livrinhos caseiros, te enviei,
talvez pareça avaro ou descortês.
Odeio a malícia dos presentes e as suas malas-artes:
assemelham-se a anzóis, esses presentes: na verdade, quem ignora
que o ávido sargo se deixa enganar pela mosca que engoliu?
Todas as vezes que nada dá ao amigo rico,
ó Quinciano,[89] o liberal é o pobre.[90]

19

Se merece crédito a verdade, época alguma pode,
  ó maior entre os césares, ser preferida aos teus tempos.
Quando se pôde assistir a mais dignos triunfos?[91]
  Quando mereceram mais de nós os deuses palatinos?[92]
Mais bela e grandiosa, sob que chefe, o foi a Roma de Marte?[93]
  Sob qual príncipe houve tanta liberdade?[94]
Existe contudo este vício, e não é venial, ainda que seja apenas um:
  cultiva o pobre ingratas amizades.
Quem distribui riquezas por um velho e fiel companheiro,
  ou quem é escoltado por um cavaleiro que lhe não seja estranho?[95]

---

[88] V. XIII 29.

[89] V. n. a I 52, 1.

[90] Porque nada espera receber em troca.

[91] Os triunfos celebrados pelas vitórias militares, nomeadamente, à data deste livro, sobre os Catos, em 82 ou 83 (que os contraditores de Domiciano, *e.g.* Tácito e Plínio-o-Moço, classificaram como uma fantochada, com falsos cativos germanos comprados no mercado da capital e a quem puseram cabeleiras louras, e com troféus falsos), e um duplo triunfo sobre os Catos e os Dacos celebrado em 89, em que também se disse que os troféus exibidos se foram buscar aos armazéns de móveis imperiais. Há quem pense que, além destes, Domiciano celebrou outro triunfo em 86, apenas sobre os Dacos.

[92] Os deuses que tinham templos no Palatino, nomeadamente Júpiter, Apolo e Cíbele, além de todos os imperadores que precederam Domiciano e foram divinizados (Júlio César, Augusto, Cláudio, Vespasiano e Tito). Outros pensam que a referência se restringe aos dois deuses a que Domiciano (que tinha o seu palácio no Palatino) prestava especial culto, Júpiter e Minerva. V. n. a VI 4, 3.

[93] V. n. a V 7, 4 e 5.

[94] Pelo menos para grande parte da ordem senatorial (de que mais tarde foram porta-vozes Tácito e Plínio-o-Moço), tal liberdade não existia. E de facto o principado de Domiciano foi dos mais cruéis e repressivos.

[95] Isto é: que não seja seu cliente, que não dependa dele por dele ter recebido a quantia necessária para ser cavaleiro.

Ter enviado uma colher de uma meia-libra pelas Saturnais[96]
ou todos os dez escrópulos[97] de uma toga flamejante,
é extravagância; e inchados, chamam a isto presentes, os patronos:[98]
haverá um só, talvez, que faça tinir moedas de ouro.
Visto que estes o não são, sê tu, César, amigo:
nenhuma virtude em um chefe pode ser mais doce.
Há já algum tempo que ris, Germânico,[99] franzindo em silêncio o
[nariz,
porque interesseiro para mim é o conselho que te dou.

20

Se contigo eu pudesse, caro Marcial,[100]
gozar de tranquilos dias,
se pudesse dispor de tempo livre
e a teu lado abraçar a verdadeira vida,
não havíamos de conhecer os átrios nem as casas dos poderosos,[101]
nem os cruéis pleitos nem o sombrio foro[102]
nem as orgulhosas figuras dos antepassados;[103]
– mas os passeios de liteira, as histórias, a literatura,
o Campo,[104] os pórticos, a sombra, a Água Virgem,[105] as termas,[106]
estes seriam sempre os locais, estes os trabalhos.

---

[96] V. n. a II 85, 2.

[97] V. n. a IV 88, 3.

[98] Marcial chama-lhes *reges*, nome de odiosas conotações após a expulsão dos reis etruscos e a implantação da república.

[99] V. n. a II 2, 4. Note-se a arte com que Marcial varia as formas de referência a Domiciano para acentuar a adulação: *Caesar* (vv. 2; 15); *dux* (vv. 5; 16); *princeps* (v. 6); *Germanicus* (v. 17).

[100] V. n. a I 15, 1.

[101] Onde os clientes esperavam, pela manhã, o momento da *salutatio* (v. n. a I 55, 6).

[102] Apoiando os patronos nos seus processos em tribunal, ou aplaudindo os seus discursos e campanhas políticas no foro. V. n. a I 95, 2.

[103] V. n. a II 90, 6.

[104] O Campo de Marte, com os seus pórticos e termas, os seus espaços para os exercícios físicos, lugar de passeio e repouso por excelência.

[105] Aqueduto construído por Agripa, em 19 a.C., para abastecer as termas que fez construir no Campo de Marte. A água que transportava vinha de nascentes afamadas pela sua pureza e natural frescura.

[106] As de Agripa e as de Nero, no Campo de Marte; as de Tito ficavam perto do anfiteatro Flávio (v. n. *Spect.* 2, 7).

Livro V

Na realidade, nenhum dos dois vive para si, e os belos
sóis sente fugirem e desaparecerem,[107]
os sóis que para nós morrem e nos são contados.
Quem há que, sabendo viver, assim demora?

21

Houve tempo, Régulo,[108] em que o retor Apolódoto
   saudava Quinto por Décimo,[109] por Crasso, Macro.[110]
Agora retribui o cumprimento a cada um pelo seu nome. Quanto
   podem a atenção e o esforço! Escreveu os nomes e decorou-os.

22

Se, de manhã, em casa, te não quis ou mereci ver,[111]
   mais se afastem de mim, Paulo, as tuas Esquílias.[112]
Mas vivo mesmo ao lado da coluna Tiburtina,[113]
   onde a rústica Flora contempla o antigo Júpiter:[114]
a íngreme senda da encosta de Suburra[115] tem de ser vencida
   e as sujas pedras em degrau nunca seco,
e a custo é possível romper através das grandes manadas de mulas
   e dos mármores que vês arrastados à custa de longa corda.[116]
O mais grave ainda, depois de mil cuidados,
   Paulo, é o teu porteiro dizer a um homem esfalfado que tu não
                                                              [estás em casa.

---

[107] Eco de Catulo 5.4.

[108] V. n. a I 12, 8.

[109] São *praenomina* comuns, vestígio de tempos recuados em que o nome era dado aos filhos pela ordem em que nasciam.

[110] Este retor desmemoriado troca também os nomes confundindo-os com os seus antónimos. Crasso quer dizer 'gordo', e Macro, 'magro'. A falta de memória era desastrosa para um retor, que devia decorar os seus discursos.

[111] V. n. a I 55, 6.

[112] O Esquilino, primitivamente um local de cemitério sobretudo de gente pobre, tinha-se transformado numa zona de residências luxuosas e abastadas, bem como de jardins aprazíveis, como os de Mecenas.

[113] Não identificável: poderá ser um monumento numa encruzilhada. Sobre Tíbur, v. n. a I 12, 1.

[114] No Quirinal, donde se via o templo de Flora e um antigo santuário dedicado à tríade capitolina (Júpiter, Juno e Minerva).

[115] V. n. a II 17, 1.

[116] Para as construções na Urbe.

Este é o resultado de um trabalho vão e de uma pobre toga
[encharcada:
escassa compensação de tanto esforço era ver Paulo pela manhã.
Sempre desumanos tem o cliente os seus amigos![117]
Patrono, se te não deixares dormir,[118] meu é que não podes ser.

23

Usaste, Basso, roupas da cor da erva,[119]
enquanto andaram mudas as regras dos lugares nos teatros.
Depois que a diligência do complacente censor[120] ordenou
que elas vigorassem de novo e que um autêntico cavaleiro escuta
[a Oceano,[121]
não te exibes senão com a veste embebida de escarlate
ou tingida de púrpura e assim julgas que levas os outros na
[cantiga.[122]
Lacernas[123] algumas valem, Basso, quatrocentos mil sestércios,[124]
ou o meu caro Cordo,[125] antes de qualquer um, obteria um cavalo.

24

Hermes,[126] deleite da geração de Marte,[127]

---

[117] Para idênticas queixas sobre os patronos, cf. II 5 e 18.

[118] Se já saiu, é porque ele próprio tem de ir apresentar a *salutatio* aos respectivos patronos.

[119] V. n. a I 96, 9.

[120] V. n. a I 4, 7. Registe-se o oximoro *placidus censor*: de um *censor* espera--se firmeza e severidade, mas, segundo Marcial, Domiciano empresta à magistratura a sua bonomia e a sua *clementia*.

[121] V. n. a III 95, 10.

[122] Isto é: disfarça os seus costumes efeminados e leva os outros a tomarem--no por homem de estrato social digno.

[123] V. n. a II 43, 7.

[124] V. n. a I 103, 2.

[125] Cf. II 57, 4.

[126] Hermes é um gladiador. Todo o epigrama assume a forma de paródia a um hino, reforçada pela anáfora do nome próprio que, não por acaso, é também o de um deus (= Mercúrio romano). A escolha de tal nome era vulgar entre os gladiadores, talvez por Hermes ser muito veloz com as suas sandálias aladas (qualidade essencial num gladiador, para fugir ao adversário), ou por ser a divindade que conduz as almas ao mundo dos mortos (Hermes Psicopompo), função que, para o gladiador, se traduziria em matar o adversário e salvar a própria vida.

[127] Os Romanos (v. n. a I 3, 4).

Livro V

Hermes, perito em todos os tipos de armas,[128]
Hermes, gladiador e também mestre,[129]
Hermes, furacão[130] e terror da sua própria escola,
Hermes, a quem teme Hélio, mas só a ele,
Hermes, perante quem Advolante[131] cai, mas só perante ele,
Hermes, hábil a vencer sem ferir,
Hermes, insubstituível, salvo por si próprio,[132]
Hermes, riqueza dos contratadores,[133]
Hermes, cuidado e afã das dançarinas,[134]
Hermes, poderoso com o dardo de guerra,[135]
Hermes, ameaçador com o tridente marinho,[136]
Hermes, temível no seu elmo ondulante,[137]
Hermes, glória de Marte em todos os combates,
Hermes, inigualável em tudo e três vezes único![138]

---

[128] Parece ser hipérbole: os gladiadores especializavam-se num dado tipo de combate.

[129] Também improvável: o *magister gladiatorum* era, quando muito, um antigo gladiador.

[130] A tradução segue a versão de BAILEY (1990: 158) e de HOWELL (1995: 36-7 e 106), onde se lê *turbo*. As lições de IZAAC (1930: 156) e de NORCIO (1980: 352-3) registam *turba*.

[131] Hélio e Advolante são nomes de gladiadores: o primeiro evoca também um deus, o Sol; o segundo tem a marca da velocidade indispensável na luta.

[132] Isto é: que nunca precisa de um gladiador que o substitua, caindo ele.

[133] Que ganham muito quando Hermes intervém nos combates.

[134] Os gladiadores eram ídolos da multidão e encontravam fãs sobretudo entre as mulheres, tanto as 'dançarinas' (aqui simbolizando as raparigas de vida livre) como as matronas respeitáveis e ricas. Há inúmeros *grafitti* e inscrições que provam a verdadeira loucura que provocavam. Recorde-se que, entre os 'mortos' desenterrados em Pompeios, se encontrou uma mulher ricamente paramentada, com jóias fabulosas, surpreendida pela erupção quando visitava a caserna dos gladiadores. Também Faustina, mulher do imperador Marco Aurélio, parece ter tido amores com um gladiador, de tal modo que Cómodo se diz ser filho do amante e não de seu imperial esposo. Tal informação, porém, pode muito bem ter sido congeminada para justificar a paixão de Cómodo pelos jogos do anfiteatro, bem como o seu mau carácter, tão diferente do de Marco Aurélio, o estóico e cultíssimo imperador de memória respeitada.

[135] Quando combatia com o escudo e a *hasta*, o dardo.

[136] Quando combatia como reciário (v. n. 4 a II *praef.*).

[137] Quando combatia como samnita, o gladiador que usava um elmo com viseira e uma espécie de crista de plumas.

[138] Alusão, a um tempo, às três formas de combate referidas *supra* e à relação entre Hermes e o número três (Hermes Trismegisto, três vezes muito grande).

25

'Não tens quatrocentos mil sestércios,[139] Queréstrato:[140] levanta-te,
olha: Leito[141] aproxima-se: de pé, foge, corre, esconde-te.'
Ah! Mas quem há que o faça retroceder e reconduza, quando se
[aparta?
Ah! Mas quem é o amigo que lhe franqueia as suas amplas
[riquezas?
Quem dou aos versos e à fama e aos povos para ser falado?[142]
Quem não quer abordar, de todo, as margens do lago estígio?[143]
Não será melhor, pergunto, do que borrifar os palcos com uma
[névoa
vermelha e inundá-los com o açafrão derramado?[144]
Ou do que dar quatrocentos mil por uma pileca que nem os vai
[apreciar,
para que o nariz dourado de Escorpo[145] resplandeça por toda a
[parte?[146]
Ó rico em vão, ó enganador do teu amigo,
   lês estas palavras e louva-las? Que ocasião de fama tu deixas
[escapar!

26

Lá por te ter chamado há dias, ó Cordo,[147]
'o alfa dos que usam pénula' (era um gracejo de epigrama),

---

[139] V. n. a I 103, 2 e III 95, 10.

[140] De novo um nome que, pela origem grega, sugere um liberto. Aqui, porém, Marcial não centra a sua crítica no 'intruso' que se senta onde não deve e não pode nos espectáculos públicos, pois não é cavaleiro (v. n. a III 95, 10). A sua indignação vira-se contra os patronos ingratos e a pouca generosidade de que dão mostras.

[141] V. n. a V 8, 11.

[142] Isto é: quem é o patrono que, por ser generoso, merece que eu lhe dê a imortalidade cantando-o nos meus poemas?

[143] V. n. a I 78, 4.

[144] V. n. a *Spect.* 3, 8.

[145] V. n. a IV 67, 5.

[146] Alusão a uma estátua dourada do auriga, com seu cavalo, comum forma de homenagem a tais ídolos da multidão.

[147] Cf. II 57, 4. Embora aí tenhamos traduzido 'o ás dos que vestem pénula', entendendo *alpha*, 1ª letra do alfabeto grego, como 'o primeiro', aqui mantivemos a tradução literal, para respeitar o jogo com a palavra *beta*, 2ª letra desse alfabeto. V. também VI 23, 8.

Livro V

se acaso este verso te perturbou a bílis,
podes dizer que eu sou 'o beta dos que usam toga'.

27
Engenho e dedicação, costumes e ascendência tens
os de um cavaleiro, reconheço: tudo o mais da plebe o possuis.
* * * * * *
Que os catorze assentos não sejam, para ti, de tal importância,
que te sentes lívido de medo à vista de Oceano.[148]

28
Que bem fale de ti ou o pense Mamerco,
não podes, com virtudes algumas, Aulo,[149] conseguir:
ainda que, em piedade, os irmãos Cúrvios[150] excedas,
em brandura os Nervas,[151] em cortesia os Rusões,[152]
em rectidão os Macros,[153] em justiça os Máuricos,[154]
em eloquência os Régulos,[155] em humor os Paulos:[156]
com tartarizados dentes tudo rói.

---

[148] V. n. a III 95, 10.

[149] V. n. a I 31, 2.

[150] V. n. a I 36, 1.

[151] Primeira alusão, por antonomásia, àquele que, velho e respeitado senador também dado às letras, viria a ser imperador após o assassínio de Domiciano. Ficou no poder menos de dois anos (96 – 98), e a sua governação confirmou a qualidade por que Marcial aqui o aponta como modelo. Após 96, o poeta há-de tentar obter o favor e protecção de Nerva, sem grandes frutos, como acontecerá também com Trajano.

[152] Identificação duvidosa: talvez Públio Calvísio Rusão Júlio Frontino, cônsul em 79 e procônsul da *Africa*.

[153] Identificação discutível. Parece ser o mesmo Macro de quem o poeta fala em X 18 e 78, quando ele era, respectivamente, *curator* da Via Ápia, e quando se preparava para partir para a Dalmácia como legado imperial.

[154] Deve tratar-se de Júnio Máurico, irmão de Júnio Aruleno Rústico. Ambos pertenciam ao círculo de oposição senatorial e estóica a Domiciano. Máurico acabou por pagar com o exílio e a confiscação dos bens a sua posição frontal contra o senhor de Roma. Sua mulher sofreu a mesma pena, e o irmão foi condenado à morte. Talvez por ter pouco depois caído em desgraça, Marcial não volta a referir-se-lhe, nem mesmo quando Nerva o fez regressar do exílio.

[155] V. n. a I 12, 8.

[156] Não identificável.

Talvez um homem maldoso o consideres:
eu considero um desgraçado aquele a quem ninguém agrada.

29
Sempre que me envias lebre, Gélia, dizes:
'Formoso por sete dias, Marco, tu serás.'[157]
Se não estás a troçar, se a verdade, luz da minha alma, é como
                                                [contas,
  lebre jamais comeste, Gélia, em tua vida.

30
Varrão,[158] a quem não desconviria o coturno[159] de Sófocles[160]
  e não és menos invejável na lira da Calábria,[161]
suspende o teu trabalho e não te prendas com os mimos do
                                             [eloquente
Catulo[162] nem com a elegia de elegante penteado;[163]
mas lê, neste fumoso dezembro,[164] poemas
  que se não devem desdenhar, e te são enviados no mês próprio:
salvo se te parecer preferível e sobretudo mais vantajoso
  perder, Varrão, as nozes[165] das Saturnais.

---

[157] Havia uma superstição segundo a qual quem comesse lebre ficaria belo durante os sete dias subsequentes, talvez fundamentada na semelhança fónica entre *lepus* (lebre) e *lepos* (graça, encanto, beleza). A lebre era iguaria muito apreciada (cf. XIII 92).

[158] Poeta amigo de Marcial, inidentificável.

[159] Simboliza a tragédia. V. n. a III 20, 9.

[160] V. n. a III 20, 9.

[161] A poesia lírica, representada pela alusão à Calábria, que aqui e outras vezes (cf. VIII 18, 5; XII 94, 5) Marcial diz ser a pátria de Horácio. O poeta nasceu, porém, em Venúsia, na Apúlia.

[162] Autor de mimos (v. n. a II 7, 3) do tempo de Calígula. O seu *Laureolus* era representado na arena, com grande êxito, aproveitando para executar condenados (v. n. a *Spect.* 9, 4).

[163] A elegia era representada com cabelos belos e artisticamente penteados.

[164] Durante as Saturnais (v. n. a II 85, 2), época de lazer e divertimento pouco adequada ao género de literatura que Varrão cultiva. Em IV 14, a mesma sugestão é feita a Sílio Itálico.

[165] Simbolizam aqui o jogo (v. n. a IV 14, 9), só permitido durante os dias das Saturnais. Varrão perderia ao jogo as nozes recebidas como presente, dádiva habitual dos pobres nessa quadra (cf. XIV 19).

31
Repara como a rapaziada salta sobre os mansos novilhos
  e como o complacente touro aprecia as suas cargas.
Este pendura-se na ponta dos cornos, aquele pelo dorso
  se passeia e por todo o boi agita ao vento as suas armas.
Mas aquela ferocidade imóvel está paralisada: não poderia a arena
  ser mais segura e o terreno plano mais depressa lhe causaria a
  [queda.
A cara não treme[166] senão com a expectativa da vitória:
  o rapaz está seguro, o animal, apreensivo.

32
Um quadrante, ó Faustino,[167] não deixou Crispo
  em testamento à esposa. 'A quem o deixou então?' A si próprio.[168]

33
Censura os meus poemas, diz-se, um certo advogado: quem é,
  não sei. Se chegar a saber, ai de ti, advogado!

34
A ti, Frontão meu pai, a ti, mãe Flacila,[169] esta donzela
  confio, os beijos e delícias minhas:
não vá a pequenina Erócion[170] temer as negras sombras
  e as fauces prodigiosas do cão do Tártaro.[171]

---

[166] Seguimos as lições de Bailey (1990: 160-1) e Howell (1995: 40-1), que apresentam *trepidat*, em detrimento das de Izaac (1930: 159) e Norcio (1980: 356), que lêem *trepidant*.

[167] V. n. a I 25, 1.

[168] Duas são as interpretações propostas: ou Crispo, por avareza levada ao absurdo, fez testamento a seu favor, nada deixando à mulher; ou, em vida, consumiu em proveito próprio tudo quanto tinha.

[169] Frontão e Flacila devem ser os verdadeiros nomes dos pais de Marcial, já desaparecidos, que ele invoca como sombras tutelares da menina acabada de morrer.

[170] Pequena escrava nascida em casa de Marcial, que a amou ternamente em seus seis anitos inocentes. O nome, grego, significa 'amorzinho'.

[171] O cão Cérbero, que guardava a entrada do reino dos mortos, aterrorizando os que lá entravam e não deixando sair ninguém. Só Orfeu o encantou com a sua música e o seu canto, conseguindo entrar no Inferno (o Tártaro) para ir buscar a amada Eurídice.

Estava agora a ponto de completar os frios do sexto inverno,
　　não tivesse ela vivido precisamente outros tantos dias menos.
Possa ela, jovial, brincar entre tão velhos patronos,
　　e o meu nome galrejar na sua língua de trapos.
Que um enregelado torrão não cubra seus delicados ossos, nem
　　　　　　　　　　　　　　　　　　　　　　　　　　　　[para ela,
　　ó terra, sejas pesada:[172] também ela o não foi para ti.

35

Enquanto Euclides, vestido de escarlate, proclama
que retira duzentos mil das herdades de Patras[173]
e mais ainda da quinta às portas de Corinto
e reclama a remota linhagem da bela Leda[174]
e resiste a Leito que o quer fazer levantar,[175]
eis que a este cavaleiro arrogante, nobre, opulento,
uma grande chave caiu de repente do regaço.[176]
Nunca, Fabulo, foi mais perversa uma chave.

36

Certo homem – louvado, Faustino,[177] no meu livrinho –
　　disfarça, como se nada me devesse… Pregou-ma bem pregada!

37

Menina mais doce na voz que os cisnes na velhice,[178]
mais tenra que a cordeira do Galeso falantino,[179]

---

[172] Eco da fórmula comum em epitáfios: *sit tibi terra leuis* (a terra te seja leve), abreviada como *S.T.T.L.*

[173] No Peloponeso.

[174] V. n. a IV 55, 7.

[175] V. n. a III 95, 10 e V 8, 11.

[176] Gato escondido com rabo de fora. Euclides, nome que já de si denuncia a origem servil, e que joga com a semelhança com o substantivo grego κλείς, κλειδός, 'chave', não é mais que um escravo porteiro.

[177] V. n. a I 25, 1.

[178] Alusão à crença de que os cisnes, antes da morte, entoam um canto muito belo. A tradução apresentada segue as lições de BAILEY (1990: 162) e de HOWELL (1995: 44), *Puella senibus uoce dulcior cycnis,* em detrimento das de IZAAC (1930:160) e de NORCIO (1980: 358): *Puella senibus dulcior mihi cycnis,* «Menina mais doce para mim que os cisnes na velhice.»

[179] V. n. a II 43, 3 e IV 28, 3. Falanto era o mítico fundador da colónia espartana de Tarento, no sul da península itálica.

mais delicada que o nácar do lago Lucrino,[180]
a quem nem preferirias as gemas eritreias[181]
nem as presas recém-polidas do animal da Índia[182]
nem as primeiras neves nem o lírio intacto;
que, com a cabeleira, batia o velo do rebanho bético[183]
e as tranças do Reno[184] e o arganaz dourado;[185]
cuja boca exalava o perfume do rosal de Pesto,[186]
dos primeiros méis dos favos da Ática,[187]
do pedaço de âmbar arrancado à mão;[188]
comparado com ela, era feio o pavão,
desgracioso o esquilo e corriqueira a fénix:[189]
ainda está morna na sua fresca cinza Erócion,
que a lei amarga dos piores fados
matou no sexto inverno, mas ainda incompleto,
meu amor, felicidade e fonte da minha alegria.
Mas o meu Peto proíbe-me de andar triste,
e a bater no peito e a arrancar os cabelos:[190]
'Não tens vergonha de chorar a morte de uma escravinha?
Eu' exclama: 'enterrei a minha mulher e, no entanto, ainda vivo,
uma mulher famosa, imponente, nobre, rica.'
Pode lá haver maior ânimo que o do meu Peto?
Recebeu vinte milhões e, no entanto, ainda vive.[191]

---

[180] V. n. a I 62, 3.

[181] As pérolas do mar Vermelho (*mare Erythraeum*).

[182] O marfim das presas do elefante.

[183] V. n. a IV 28, 2.

[184] O cabelo louro comum entre os povos germanos.

[185] A métrica mostra-nos que HOWELL (1995: 44-5 e 122) e IZAAC (1930: 161) têm razão, ao considerarem *nitela* equivalente a *nitella* e a *nitedula* 'arganaz'. NORCIO (1980: 258-9), pelo contrário, julga tratar-se do substantivo *nitela* 'esplendor', cuja primeira sílaba, contrariamente à dos anteriores, é breve.

[186] V. n. a IV 42, 10.

[187] V. n. a IV 13, 4.

[188] O perfume do âmbar acentuava-se com o calor da mão.

[189] V. n. a V 7, 2.

[190] V. n. a II 11, 5.

[191] Amaríssimo sarcasmo, o de Marcial. Herdeiro de tal fortuna, que razões teria Peto para se desgostar da vida? Cf. II 65.

38

Caliodoro tem – quem o não sabe, Sexto? – censo equestre,[192]
mas Caliodoro tem um irmão também.
'Divide os quatrocentos mil' é como quem diz: *coupons la poire*:[193]
em um cavalo apenas cuidas que podem montar dois?
Que tens que ver com teu irmão, que tens com este Pólux inoportuno?
Se não tivesses um Pólux, Castor serias.[194]
Quando vocês são um só – dois, Caliodoro, tu quererás sentar?[195]
Levanta-te: *un solécisme*,[196] Caliodoro, estás a cometer.
Ou imita a descendência de Leda: com teu irmão sentar-te
não podes: senta-te, Caliodoro, em dias alternados.

39

Quando o testamento trinta vezes no ano
registavas, Carino, enviei-te
tartes[197] ensopadas nos tomilhos do Hibla.[198]
Afundei-me: agora tem pena de mim, Carino:
regista-o mais raro, ou faz, de uma vez por todas,
o que, em falso,[199] a tua tosse sem cessar promete.
Esgotei o cofre e a bolsa:
ainda que fosse mais rico que Creso,[200]
Carino, eu ficaria mais pobre que Iro,[201]
se tantas vezes o meu prato de favas comesses.

---

[192] V. n. a I 103, 2.

[193] Em grego, no original latino (σύκα μερίζει : divide os figos, expressão proverbial que traduz a desvantagem de dividir o que já de si é pequeno). Divididos ao meio os 400 mil sestércios, nenhum dos dois poderia ser registado no censo como cavaleiro.

[194] Na *Ilíada*, Castor e Pólux (v. n. a I 36, 2) são caracterizados, respectivamente, como cavaleiro e pugilista.

[195] No cavalo, mas mais provavelmente no teatro, usufruindo do privilégio conferido pela *lex Roscia* (v. n. a III 95, 10). Daí o 'levanta-te' do v. seguinte, que é o que Caliodoro terá de fazer se dividir o dinheiro com o irmão e se for sentar nos lugares a que não terá direito, por não ser cavaleiro.

[196] Em grego no original: σολοικισμόν.

[197] V. n. a III 77, 3.

[198] No mel produzido no Hibla (cf. XIII 105 e n. a II 46, 1).

[199] Cf. II 26.

[200] Creso, rei da Lídia do séc. VI a.C., proverbialmente rico.

[201] O mendigo da *Odisseia* que era admitido nos banquetes dos pretendentes de Penélope. Julgando em risco os seus privilégios, desafiou Ulisses, regressado

Livro V

40

Pintaste Vénus e cultivas, Artemidoro, as artes de Minerva:
e ainda te admiras de a tua obra não ter agradado?[202]

41

Embora sejas mais efeminado que um eunuco frouxo,
e mais mole que o amante de Celenas,[203]
por quem uiva o Galo castrado que a grande Mãe inspira,[204]
– falas de teatros, de plateias, de edictos,[205]
de mantos dos cavaleiros, de idos,[206] de fíbulas[207] e do rol dos
 [bens,[208]
e apontas os pobres com a mão polida a pedra-pomes.[209]
Se tens licença para te sentares nos bancos dos cavaleiros,
hei-de ver, Dídimo: não a tens para os dos maridos.[210]

42

O matreiro ladrão tirará o dinheiro do cofre arrombado;
 a chama ímpia abaterá os lares dos antepassados;[211]
o devedor negará o juro com o empréstimo,

---

ao seu palácio em Ítaca disfarçado de pedinte, para uma luta, despachada pelo herói com uns quantos socos.

[202] Minerva é a deusa protectora das artes, mas não esquece a desfeita do Julgamento de Páris. Cf. I 102.

[203] Átis, o jovem que a deusa Cíbele ('a Grande Mãe', cf. v. 3, ou 'a Mãe dos deuses') amou, e que, para que ele não se unisse a nenhuma mulher, fez com que ele se castrasse. Celenas é uma cidade da Frígia, onde o culto de Cíbele e Átis tivera origem.

[204] V. n. a II 45, 2. Alusão às procissões rituais dos sacerdotes de Cíbele, entoando hinos ao som dos címbalos, tambores e trombetas.

[205] V. n. a III 95, 10.

[206] Alusão ao cortejo ritual dos cavaleiros (*equitum transuectio*), vestidos com a *trabea* (toga mais curta que o habitual e com várias faixas horizontais púrpura), que se realizava nos idos (dia 15) de Julho, no foro, diante do censor. Assemelhar-se-ia a uma parada militar. Dídimo é um obcecado com tudo o que é específico da dignidade de cavaleiro. Mas de virilidade nada tem.

[207] V. n. a II 43, 7.

[208] O *census*, realizado de 5 em 5 anos, quando se acertavam as listas de quem tinha ou não fortuna suficiente para integrar as ordens senatorial e equestre.

[209] V. n. a II 29, 6.

[210] No âmbito da protecção à família e incentivo ao casamento, Augusto reservou lugares nos espectáculos públicos para os homens casados.

[211] V. n. a I 70, 11.

não retribuirá as sementes lançadas a seara estéril,
ao teu administrador despojará a pérfida amante,
   a onda engolirá os navios ajoujados de mercadorias.
A salvo do destino está o que se dá aos amigos:
   os bens que tiveres dado, são os únicos que sempre terás.

43
Taís tem os dentes negros, brancos os tem Lecânia.
   Qual é a razão? Os de uma são comprados,[212] os da outra são
                                                          [seus.

44
Que sucedeu, pergunto, que de repente sucedeu,
pois que a mim, ó Dentão,[213] quando te convidava para jantar
– quem vai acreditar? –, quatro vezes ousaste dizer que não?
Mas nem olhas para trás e foges de mim quando te persigo,
de mim, a quem, ainda há pouco, por termas, teatros
e por todas as reuniões costumavas procurar.[214]
É isso: foste ao cheiro de jantar mais farto
e uma cozinha maior atraiu o sabujo.
Mas em breve, após te conhecerem e largarem,
quando a manjedoira rica te desdenhar,
hás-de vir aos ossos do jantar antigo.

45
Dizes que és formosa; dizes, Bassa, que és uma jovem.
   Isto é o que costuma dizer, Bassa, quem o não é.

46
Beijos não quero, senão os que tomei à força
   e mais me agradam os teus acessos de ira do que a tua cara.
Para muitas vezes te provocar, muitas vezes, Diadúmeno,[215] te bato:
   e só consigo que tu nem me temas, nem ames.

---

[212] V. n. a I 72, 4.
[213] Nome escolhido bem a propósito para quem tudo devora: *Dento* é 'o que tem os dentes salientes'.
[214] Para lhe 'cravar' um jantar, busca a que também o parasita Sélio de II 14 se entregava em desespero.
[215] Cf. III 65 e VI 34.

47

Que nunca jantou em casa, jura Filão; e é mesmo assim:
não janta, sempre que ninguém o convida.

48

Ao que não obriga o amor?[216] Cortou os cabelos Encolpo
sem o seu senhor querer, mas também sem o proibir.
Pudente deu autorização e chorou: assim cedeu as rédeas ao filho
o pai, a lamentar-se da imprudência de Faetonte;[217]
assim Hilas raptado,[218] assim Aquiles, descoberto,
depôs com prazer, apesar do sofrimento da mãe, a cabeleira.[219]
Mas tu, barba, não te precipites – não te fies nos cabelos curtos[220] –
e, em troca de tão grande presente, cresce devagar.

49

Quando, há pouco, te vi, por acaso, sentares-te
sozinho, Labieno, três cuidei ver.[221]
Da tua calva o tamanho me enganou:
tens uns cabelos aqui, tens uns cabelos acolá
que nem a uma criança ficariam bem;
careca está no meio a tua cabeça e nem um único
pêlo em longa área se vislumbra.

---

[216] Cf. I 31.

[217] V. n. a III 67, 5.

[218] Hilas era um jovem muito belo amado por Héracles / Hércules, que lhe servia de pajem e o acompanhou na expedição dos Argonautas. Um dia, porém, foi buscar água e foi 'raptado' pelas ninfas, que, com gosto dele, o terão devolvido à sua masculinidade. Foi enorme a dor do herói por ter perdido o jovem que tanto amava.

[219] Tétis sabia que seu filho Aquiles era mortal, pois podia ser atingido no calcanhar (a única parte do corpo que não mergulhara nas águas do Estige, onde ela o banhara para o tornar imortal). Por isso, para evitar que fosse para a guerra de Tróia, Aquiles ficou na corte de Licomedes, rei de Ciros, vivendo no meio das filhas deste e disfarçado de rapariga. Mas Ulisses descobriu-o, levando-o a revelar-se com uma das suas manhas: apresentou-se na corte como um mercador e, entre jóias e belos tecidos, que atraíram as mulheres, misturou armas, a que Aquiles deu espontaneamente a sua preferência. O jovem herói aceitou sem grande pena seguir o seu destino heróico: abandonando de imediato as vestes e a cabeleira feminina, partiu para Tróia e para a morte.

[220] Isto é: não o julgues já homem.

[221] Engano que faz lembrar o de Dásio perante a 'mamalhuda Espátale' de II 52.

Este engano favoreceu-te em dezembro,
tempo em que o imperador distribuiu refeições:
com três cestinhos de pão regressaste.²²²
Cuido que Gérion²²³ foi assim.
Deves evitar, penso eu, o pórtico de Filipe:²²⁴
se te vir Hércules, és um homem morto.

50
Sempre que janto em casa, Caropino, se te não tiver convidado,
   logo grandes são as inimizades,
e ficas capaz de me varar pelo meio com a espada em riste,
   se te chega aos ouvidos que o meu lume se acendeu na tua ausência.
E não terei licença, então, nem uma única vez, de te pregar a partida?
   Nada mais descarado, Caropino, que esta tua gula.
Deixa lá, eu te suplico, de vigiar a minha cozinha,
   e que volta e meia o meu cozinheiro te possa passar a perna.

51
Este, que traz a esquerda carregada de livros,
a quem rodeia um coro imberbe de secretários,
que, com uns codicilos²²⁵ dum lado, do outro com os discursos
e as intimações, exibe um ar severo,
semelhante a Catão,²²⁶ e a Túlio²²⁷ e a Bruto,²²⁸

---

²²² Em Dezembro de 88, aquando da celebração do *Septimontium*, solenidade que celebrava a fundação da Roma dos 'sete montes', Domiciano distribuiu alimentos: em cestos, aos senadores e cavaleiros, em cestos mais pequenos à plebe. Labieno terá recebido, mercê dos seus estranhos adornos capilares, não um mas três cestinhos...

²²³ O monstro de três cabeças que Hércules matou num dos seus doze Trabalhos, para lhe ficar com os bois e os levar a Euristeu.

²²⁴ No Campo de Marte, junto ao templo a Hércules e às Musas onde havia uma estátua do herói.

²²⁵ Diminutivo de *codex* (v. n. a I 2, 3). Usavam-se para cartas, requerimentos, tomada de notas...

²²⁶ Catão Censor (234 – 149 a.C.), aqui evocado pelos seus dotes oratórios e também pela sua proverbial moralidade, firmeza e dedicação a Roma.

²²⁷ Cícero.

²²⁸ Marco Júnio Bruto, um dos assassinos de César, orador de apreciável talento. Cícero faz dele um dos interlocutores no seu *Brutus*, tratado sobre os mais eminentes oradores de Roma, e dedicou-lhe o *Orator*, tratado que descreve o orador ideal, bem como o *De Finibus* e as *Tusculanae disputationes*.

Livro V

não é capaz de dizer, Rufo,
mesmo torturado pelas cordas,²²⁹ o *haue* latino ou o χαίρε²³⁰ grego.
Se julgas que invento uma história – saudemo-lo.

52

O que me tiveres dado, na memória guardo e sempre o conservarei.
   Porque me calo então, Póstumo? Porque tu falas.
Sempre que começo a falar dos teus presentes a alguém,
   logo ele exclama: 'Já me tinha dito ele próprio.'
Dois não fazem bem certas coisas: basta um
   para esta tarefa: se queres que eu fale, deixa-te estar calado.
Vai por mim, ainda que sejam enormes, Póstumo, os presentes,
   morrem com a tagarelice de quem os dá.

53

Porque escreves sobre a mulher da Cólquide,²³¹ porque escreves,
   [amigo, sobre Tiestes?²³²
Que tens que ver com Níobe,²³³ Basso, ou com Andrómaca?²³⁴
O tema, podes crer, mais adequado aos teus poemas
   é Deucalião²³⁵ ou, se este te não agrada, Faetonte.²³⁶

---

²²⁹ Num instrumento de tortura (*fidiculae*) que se pensa fosse semelhante ao cavalete.

²³⁰ A palavra latina e a grega são sinónimas e significam 'Bom dia!' 'Saúde!'.

²³¹ V. n. a III 58, 16.

²³² V. n. a III 45, 1.

²³³ Filha de Tântalo, gabou-se um dia de, por ter muitos filhos (doze, segundo uns, catorze, segundo outros, e metade de cada sexo), ser mais feliz que Leto, que só fora mãe de Apolo e Ártemis. A deusa ofendeu-se e pediu aos filhos que a vingassem. Ártemis matou as raparigas e Apolo os rapazes (em algumas versões sobreviveram dois). Níobe foi transformada em rocha, da qual brotava uma nascente que eram as lágrimas da sua infindável dor.

²³⁴ Mulher de Heitor, figura trágica na sua coragem ao perder o marido e depois o filho, Astíanax, sacrificado por Neoptólemo, filho de Aquiles.

²³⁵ Com sua mulher, Pirra, foi o único sobrevivente do dilúvio que Zeus, para castigar a iniquidade dos homens, provocou na terra. Tal como na narrativa bíblica sobre Noé, eles foram os únicos poupados, por serem justos, e salvaram-se construindo uma arca dentro da qual flutuaram durante nove dias e nove noites até que as águas recuaram.

²³⁶ V. n. a III 67, 5. Isto é: o melhor destino da tua obra, cheio de enfadonhas histórias da mitologia, é a água ou o fogo.

54

Deu em improvisador o meu amigo retor.[237]
Não tinha registado Calpúrnio, mas saudou-o pelo nome.

55

Diz-me, quem levas, ó rainha das aves?[238] 'O Tonante.'[239]
  Por que não leva, em mão alguma, os raios?[240] 'Está apaixonado.'
Por quem arde de paixão o deus? 'Por um moço.' A que vem a
                        [doçura com que te voltas,
de bico aberto, para Júpiter? 'Estou a falar-lhe de Ganimedes.'[241]

56

A que professor confiar, Lupo, o teu filho
é o que preocupado perguntas há muito e esperas resposta.
Todos os gramáticos e retores[242]
te aconselho a evitares: que ele despreze
os livros de Cícero ou Marão,[243]
que deixe Tutílio[244] entregue à sua fama;
se faz versos, renega o poeta.
Quer aprender artes dinheirosas?
Faz com que aprenda a arte do citaredo ou do flautista;
se o rapaz parecer duro de natureza,
faz dele pregoeiro ou arquitecto.

---

[237] Cf. V 21.

[238] A águia era a ave de Zeus / Júpiter. Há quem pense que este epigrama é inspirado por uma estátua ou pintura real, representando a cena descrita.

[239] Júpiter. O epíteto 'Tonante' deriva de o pai dos deuses se manifestar por meio do trovão.

[240] A arma de Júpiter. V. n. a VI 10, 9.

[241] V. n. a I 6, 1.

[242] Os professores dos segundo e terceiro graus de ensino, em Roma. Sobre os *grammatici*, v. n. a I 35, 2. Os *rhetores* ensinavam retórica e treinavam os alunos para saberem mais tarde aplicar os dotes oratórios à actividade de advogados e políticos.

[243] V. n. a I 61, 2. No cânon dos textos escolares, Cícero era o modelo dos oradores e Vergílio o dos poetas épicos.

[244] Deve tratar-se de um orador e advogado contemporâneo, também referido por Quintiliano, mas de que nada mais se sabe.

Livro V

57
Quando te chamo senhor,[245] não te quero, Cina, agradar:
   muitas vezes também assim retribuo a saudação a um escravo teu.

58
'É amanhã que vou viver, é amanhã' – dizes, Póstumo, sempre.
   Diz-me cá: esse amanhã, Póstumo, quando é que chega?
A que distância fica esse amanhã? onde pára? ou aonde se deve
                              [procurar?
Se calhar, junto dos Partos ou dos Arménios[246] se esconde?
Esse amanhã já tem a idade de Príamo ou Nestor.[247]
   Esse amanhã, diz-me cá, por quanto se pode comprar?
É amanhã que vais viver? Viver hoje, Póstumo, já é tarde:
   sensato é quem, Póstumo, viveu ontem.[248]

59
Se te não mandei prata, se te não mandei ouro,
   é algo que fiz, Estela eloquente,[249] por tua causa.
Quem dá grandes presentes, grandes presentes quer receber:
   com os meus vasos de barro vais ficar livre de obrigações.

60
Podes ladrar sem parança contra mim, e sem parança
importunar-me com teus ganidos irritantes,
que é ponto assente negar-te a fama
que há muito buscas: a de, nos meus poemas,
de qualquer modo seres lido por todo o mundo.
Porque terá alguém de saber que tu exististe?

---

[245] *Dominus* era a forma de tratamento do escravo para com o seu senhor. Nesta altura, todavia, começava a tornar-se comum nas relações familiares ou de cortesia (v. n. a I 81, 2), ou como modo de abordar alguém de quem se desconhecia ou se esquecera o nome.

[246] Neste caso, estes povos orientais inimigos de Roma simbolizam apenas as zonas longínquas que habitam. Nós diríamos 'na Cochinchina' (i.e. o sul do Vietname).

[247] V. n. a II 64, 3.

[248] Conceito de sabor epicurista. Mas é curiosa a 'evolução' do poeta, talvez motivada pelo rápido passar dos anos, em relação ao que dizia em I 15, 11-12.

[249] V. n. a I 7, 1.

É forçoso, desgraçado, que tu morras desconhecido.
Não faltarão, porém, nesta cidade talvez
um, dois ou três, ou mesmo quatro
que queiram roer a tua pele de cão:
eu conservo as unhas afastadas de tal sarna.

61
Quem é esse frisadinho, que, como uma sombra, se cola,
   Mariano, à tua esposa? Quem é esse frisadinho,
que cochicha não sei o quê ao delicado ouvido da senhora
   e apoia o cotovelo direito ao recosto da cadeira?
Por cada um dos seus dedos faz correr um leve[250] anel,
   e traz as pernas virgens de um único pêlo...[251]
Nada me respondes? 'É um tipo que trata' afirmas
   'das coisas da minha mulher.' Sem dúvida... é um homem de
                                           [confiança e rude,
que, pelo próprio aspecto, revela que é administrador:
   mais severo que este não era Aufídio de Quios.[252]
Oh como eras digno, Mariano, das bofetadas de Latino:
   creio até que hás-de ser o sucessor de Panículo.[253]
Trata das coisas da tua mulher? Mas esse frisadinho não trata de nada.
   Das coisas da tua mulher, não – trata mas é das tuas.

62
A justo título podes ficar como convidado na minha casa de campo,
   se puderes repousar os membros num chão nu,
ou se trouxeres contigo, para ti, uma mobília de aparato:
   a minha já pediu misericórdia aos convidados.
Colchão algum – mesmo vazio – cobre as camas desconjuntadas,
   e a faixa esgaçada,[254] com as cordas partidas, jaz por terra.
Mas partilhemos por ambos os gastos da hospitalidade:
   eu comprei a casa: é o mais caro; mobila-a tu: é o mais barato.

---

[250] Os elegantes tinham anéis para o Verão, mais leves, e para o Inverno, mais pesados e grossos.

[251] V. n. a II 29, 6.

[252] Jurisconsulto de renome.

[253] V. n. a I 4, 5 e II 72, 4.

[254] Faixas de lona ou linho, entrelaçadas com cordas, que, presas às camas e aos leitos das refeições, sustentavam os colchões.

63

'Que pensas, Marco,'[255] indagas tu, 'dos meus poemas?'
É a pergunta que, apreensivo, Pôntico, muitas vezes me fazes.
Admiro-os, acho-os espantosos: nada é mais perfeito que eles.
O próprio Régulo[256] se renderá ao teu engenho.
'Isto é o que pensas?' exclamas 'Assim te cubra de benefícios César,
assim o Júpiter Capitolino.' Antes a ti, antes a ti.

64

Serve, Calisto, quatro cíatos[257] de falerno;
tu, Álcimo, derrete por cima a neve do verão.[258]
Que a minha cabeleira húmida se encharque de abundante amomo[259]
e as têmporas verguem ao peso das rosas entrelaçadas.[260]
Mesmo ao lado, o Mausoléu[261] manda-nos viver cada dia,
ao ensinar que estão sujeitos à morte os próprios deuses.[262]

65

Contra a vontade da madrasta,[263] deram os astros e o pólo
a Alcides,[264] o terror de Némea[265] e o javali arcádio[266]
e a lama[267] espezinhada do ringue da Líbia[268]

---

[255] V. n. a III 5, 10.
[256] V. n. a I 12, 8.
[257] V. n. a III 82, 29.
[258] V. n. a II 1, 10.
[259] V. n. a III 12, 2.
[260] V. n. a III 65, 8.
[261] De Augusto. Quanto à origem do nome, v. n. a *Spect.* 1, 5.
[262] Neste caso específico, os imperadores divinizados. O epigrama retoma o *topos* do *carpe diem* horaciano. Cf. II 59.
[263] Hera / Juno, que perseguia Héracles / Hércules por ser fruto dos amores adúlteros de seu marido, Zeus / Júpiter, e Alcmena.
[264] Hércules. O epíteto deriva de Alceu ser seu avô, pai de seu pai 'terreno', Anfitrião.
[265] O leão de Némea, que devastava a região devorando os homens e os rebanhos.
[266] O javali de Erimanto, montanha da Arcádia.
[267] *Ceroma* (v. n. a IV 4, 10) designa, por metonímia, o lutador que se encharcava de lama.
[268] Alusão ao episódio do gigante Anteu que, até ser morto pelo herói, obrigava todos os que passavam a combater contra ele; depois de os vencer, matava-os. É feito não integrado no conjunto dos doze Trabalhos.

e o enorme Érice esmagado na poeira da Sicília,[269]
e o flagelo dos bosques, Caco, que, com secreto embuste,
costumava levar os bois, por caminhos reversos, para o antro.[270]
<Mas> isso, César, corresponde a que parte do que se vê na tua
[arena?[271]
Maiores batalhas traz a manhã de um novo dia.[272]
Quantos animais mais pesados que o monstro de Némea
[sucumbem!
Em quantos javalis do Ménalo[273] se espeta as tua lança!
Se se repetisse a tríplice luta contra o pastor da Ibéria,[274]
tens quem poderia vencer Gérion.[275]
Ainda que tantas vezes se fale do dragão da grega Lerna,[276]
que pode a pérfida Hidra contra as feras do Nilo?[277]

---

[269] Érice, filho de Afrodite, também desafiou Hércules para lutar contra ele, a fim de lhe ficar com os bois de Gérion, que o herói conduzia para a Grécia. O desfecho da luta foi o esperado. Érice deu o seu nome à montanha da Sicília célebre pelo santuário de Afrodite / Vénus (dita Ericina).

270 Caco era um monstro que vivia no Palatino (ou Aventino, segundo Vergílio) e aterrorizava a região. Um dia, quando Hércules regressava à Grécia com os bois que roubara a Gérion, Caco apanhou oito e levou-os para a gruta em que vivia. Para despistar o herói, arrastou os animais pela cauda, de forma a que a marca das patas o levasse a crer que tinham seguido 'por caminhos reversos'. Mas Hércules acabou por tudo descobrir e matou Caco com a sua maça.

[271] O epigrama, talvez escrito em celebração dos Jogos oferecidos por Domiciano aquando do triunfo sobre os Catos e os Dacos, em 89, compara os espectáculos oferecidos na arena, nomeadamente as *uenationes* (as 'batalhas') com alguns dos Trabalhos e outras façanhas de Hércules, avaliados num plano de inferioridade. Além disso, o próprio imperador incentivou a sua identificação com o herói, nomeadamente erigindo um templo em que havia uma estátua de Hércules com os seus traços fisionómicos (cf. IX 64; 65; 101).

[272] As *uenationes* ocorriam geralmente de manhã.

[273] V. n. a *Spect.* 32, 4.

[274] Gérion era um monstro com três cabeças e um corpo triplo até às ancas (daí a 'tríplice luta'), e habitava a ilha Eritia, situada ao largo de *Gades* (Cadiz).

[275] V. n. a V 49, 11. Marcial insinua que, entre os gladiadores da arena de Domiciano, muitos são os que equivalem a Hércules.

[276] A hidra (grega, porque o monstro de numerosas cabeças vivia em Lerna, perto de Argos).

[277] Os crocodilos, animais exóticos muito requeridos e apreciados nos Jogos. Foi Emílio Escauro quem primeiro os fez exibir em Roma, em 58 a.C.

Por tantos méritos, Augusto, os deuses concederam o céu
bem cedo a Alcides, mas a ti muito tarde o vão conceder.[278]

66
Muitas vezes saudado, nunca és o primeiro a saudar.
Ah, é assim que vais ser? Pois para sempre, Pontiliano, adeus.[279]

67
Quando as aves áticas[280] buscavam, segundo o hábito,
os seus refúgios de inverno, uma permaneceu no ninho.
Ao regressarem na primavera depararam com a atrocidade,
e as suas companheiras despedaçaram a fugitiva.
Tarde foi punida: tinha merecido a criminosa mãe
ser despedaçada, mas no tempo em que lacerou a Ítis.[281]

68
Mandei-te, Lésbia, esta cabeleira de uma tribo do norte,[282]
para saberes quanto a tua é mais loura.

69
António, que nada podes censurar ao fário Potino,[283]
e menor é o mal que causas com as proscrições[284] que com a
[morte de Cícero,

---

[278] Hércules foi divinizado. Também Domiciano gozará do convívio dos deuses: mas tal só acontecerá após muitos e muitos anos de presença na terra, governando Roma.

[279] Seguimos as lições de BAILEY (1990: 172) e HOWELL (1995: 64-5 e 150), que apresentam a seguinte pontuação no segundo verso: *sic eris? aeternum, Pontiliane, uale.* IZAAC (1930 ou 1969: 170) e NORCIO (1980: 374-5) utilizam respectivamente a seguinte pontuação: *sic eris Aeternum, Pontiliane, Vale.* e *sic eris «Aeternum», Pontiliane, «uale».* «Assim vais ter, Pontiliano, um eterno adeus.» Note-se que a expressão *aeternum uale* equivale à despedida derradeira, aquela que se faz a quem parte da vida. Marcial, pois, diz a Pontiliano que, para ele, é como se daí em diante estivesse morto.

[280] As andorinhas. V. n. a I 53, 9.

[281] V. n. a IV 49, 4.

[282] Em Roma, os cabelos louros eram muito apreciados e desejados pelas mulheres. Por isso, muitas das que os não tinham naturais pintavam-nos, ou então usavam perucas, geralmente feitas com cabelo das cativas germânicas (cf. XIV 26).

[283] V. n. a III 66 e respectivas notas.

[284] A famosa lista de proscritos que Marco António, em entendimento táctico com Octaviano após *Mutina*, elaborou em 43 a.C.

por que razão, insano, desembainhas a espada contra a boca
                                                    [de Roma?
Nem o próprio Catilina[285] cometeria tal sacrilégio.
Ímpio é o soldado que se deixa corromper pelo abominável ouro,[286]
e, à custa de tantas riquezas, tu apenas consegues calar uma
                                                    [única voz.
Que ganhas com o silêncio, pago tão caro, de uma língua sagrada?
Começarão todos a falar por Cícero.

70

Quando o patrono, há pouco, sobre ele derramou,
bem contados, Máximo, dez milhões de sestércios, Sirisco,
depois de vaguear por tascas de comes e bebes,
perto dos quatro balneários,[287] esturrou o dinheiro.
Oh quanta é a gula, para devorar dez milhões de sestércios!
Quanto é maior ainda consegui-lo, sem sequer se deitar![288]

71

Onde a húmida Trébula[289] domina os frescos vales
e o verde campo gela nos meses de Câncer,[290]

---

[285] Lúcio Sérgio Catilina, patrício de origem obscura e passado nebuloso, derrotado por Cícero nas eleições para cônsul em dois anos consecutivos. Preparou então uma revolta, sedição que poria Roma em grande perigo se Cícero a não tivesse denunciado. Catilina morreu em combate, em 62 a.C., quando os seus principais apoiantes, em Roma, já tinham sido presos e executados. Foi contra Catilina que Cícero pronunciou, no Senado, as quatro famosas *Catilinárias*. Também Salústio escreveu uma monografia histórica sobre esta figura controversa e os acontecimentos em torno da sua acção (*Bellum Catilinae*).

[286] Popílio Lenate, o tribuno militar que executou Cícero. Marco António ter-lhe-á pago elevadíssima quantia para o fazer. A sua impiedade terá sido ainda maior se de facto, como a história registou, Cícero o tinha um dia defendido e ilibado de uma acusação de parricídio.

[287] Talvez os citados em II 14, 11-12.

[288] Isto é: sem ao menos ser em grandes banquetes (durante os quais se comia reclinado em leitos), mas apenas petiscando, sentado por aqui e por ali nas tasquinhas que abundavam junto aos balneários e às termas. Mas a crítica parece resvalar também para o âmbito moral.

[289] Embora haja mais de uma localidade com este nome, Marcial deve referir-se a uma cidade da Sabina, a uma altitude considerável e, por isso, bastante fresca nos meses de Verão.

[290] O signo zodiacal, aqui representando o solstício de Verão e o início da estação quente.

uma terra nunca profanada pelo leão de Cleonas[291]
e uma morada sempre amiga do Noto eólio,[292]
te chamam, Faustino:[293] passa, nestas colinas, os longos dias
das colheitas: no inverno será de ora avante a tua Tíbur.[294]

72
Quem foi capaz de, à mãe de Baco,[295] chamar Tonante,[296]
é capaz, Rufo, de a Sémele chamar pai.[297]

73
Porque te não ofereço os meus livrinhos,
a ti que tantas vezes mos pedes e exiges,
ficas admirado, Teodoro? A razão é de peso:
não vás tu oferecer-me os teus livrinhos...

74
Ásia[298] e Europa[299] recobrem os filhos de Pompeio,[300] mas a ele
recobre-o a terra da Líbia,[301] se é que alguma terra o recobre.
Que admira ele estar espalhado por todo o mundo? Caber
não podia tamanha derrocada[302] em um único lugar.

---

[291] V. n. a IV 60, 2. Como é sabido, ao Caranguejo (Câncer) segue-se o Leão, que domina o pino do estio.

[292] O vento que sopra de sudoeste. Noto era filho de Eos, a Aurora.

[293] V. n. a I 25, 1.

[294] V. n. a I 12, 1.

[295] Sémele (v. n. a *Spect.* 14, 7).

[296] V. n. a V 55, 1. Por ter Baco acabado a sua gestação na coxa do pai dos deuses.

[297] Marcial ridiculariza algum poeta 'precioso' ou troca-tintas.

[298] O filho mais velho de Pompeio, Gneu, foi capturado e morto após a batalha de Munda (45 a.C.), na Bética, divisão da *Hispania*.

[299] O filho mais novo, Sexto, foi morto em 35 a.C., em Mileto, a mando de Marco António.

[300] Pompeio, como se sabe, foi companheiro político de César no chamado 1º triunvirato, mas terminou a sua vida de grande general e político em luta contra César, numa guerra civil terrível. Derrotado em Farsalo, na Tessália, fugiu para o Egipto, onde foi morto (cf. V 69) em 48 a.C.

[301] V. n. a II 56, 1. Nunca houve certeza sobre se Pompeio tinha recebido um túmulo e onde. Mesmo os autores que referem um local de sepultura não são unânimes.

[302] Na prática, essa *ruina* representava a aniquilação dos republicanos.

75

Lélia, essa mulher que contigo casou, Quinto, em obediência à lei[303]
podes chamar-lhe esposa de lei.

76

De tanto beber veneno, Mitridates[304] conseguiu
que os tóxicos sinistros lhe não pudessem fazer mal.
Também tu te acautelaste: ao jantares sempre tão mal,
não vais poder nunca, Cina, morrer de fome.

77

Conta-se que alguém disse uma piada boa a teu respeito, Marulo,
quando disse que trazias azeite na orelha.[305]

78

Se com um magro jantar caseiro ficas aborrecido,[306]
Torânio, podes vir passar fome comigo.
Não te faltarão, se costumas *porter des santés*,[307]
as alfaces comuns[308] da Capadócia e os porros malcheirosos,[309]
a posta de peixe se esconderá entre pedaços de ovo.[310]
Ser-te-á servida – com os dedos ungidos a deves segurar –
uma couvinha viçosa em negro pratinho,

---

[303] A *lex Iulia de adulteriis coercendis* (v. n. a VI 2, 1).

[304] Rei do Ponto (v. n. a VI 19, 5). Habituara-se a beber todos os dias uma pequena quantidade de veneno para se tornar imune a qualquer tentativa de assassinato por esse meio tão usado contra os reis orientais. Quando, derrotado, decidiu suicidar-se, teve de pedir a um dos seus guarda-costas que o trespassasse com a espada, pois não podia recorrer ao envenenamento. Também Agripina parece ter tido o mesmo previdente hábito, assim escapando a uma das tentativas de matricídio de Nero.

[305] Epigrama de difícil interpretação. Tratar-se-á de alusão a alguém cuja posição da cabeça sugeriria a atitude de alguém que, por razões medicinais, tivesse colocado azeite na orelha (para amolecer e mais facilmente limpar a cera, por ex.). Alguns editores pensam que se trata de expressão proverbial aplicada a lisonjeadores.

[306] Comer em casa era uma desgraça (e uma barrigada de fome) para o parasita e o cliente de parcos recursos. Não admira, pois, a aflição.

[307] 'Tomar um aperitivo'. Em grego no original: προπίνειν.

[308] V. n. a III 50, 3.

[309] Cf. XIII 18.

[310] Hipérbole que revela a escassez de peixe apresentado.

que há pouco deixou a fresca horta,
e uma salsichinha que comprime papa esbranquiçada,[311]
e a pálida fava com o corado toucinho.
Se quiseres os presentes da sobremesa,
uvas passas te serão oferecidas
e as peras que devem o nome à Síria,
e as castanhas, que a culta Nápoles[312] criou,
assadas em lume brando:
tu tornarás o vinho bom, bebendo-o.
Depois de tudo isto, se, por acaso, provocar
Baco[313] o costumado apetite,
valer-te-ão as azeitonas da melhor apanha,
recém-colhidas do galho de Piceno,[314]
e os chícharos a ferver e os mornos tremoços.
Escasso é o jantarinho – quem o pode negar? –,
mas não terás de mentir sobre ele nem ouvir mentiras
e, com a cara de todos os dias, te deitarás calmo à mesa;
e nem o anfitrião te lerá um espesso volume,
nem as raparigas da Gades licenciosa
menearão sem parança os flancos lascivos,
em hábeis flexões de excitação;[315]
mas (o que não é demasiado solene nem demasiado grosseiro),
a flauta do jovem Côndilo para ti tocará.[316]

---

[311] A *puls*, muito semelhante à *polenta*. Cf. XIII 35.

[312] *Docta*, pelas suas escolas de retórica e filosofia.

[313] O deus do vinho. A cena desenrolava-se em três etapas: a *gustatio*, as entradas (vv.3-5), a *cena* propriamente dita (vv. 6-10) e as *secundae mensae*, as sobremesas (vv. 11-16). Depois vinha a *comissatio*, em que se bebia abundantemente, por vezes acompanhando o vinho com alguns petiscos para 'puxar a pinga', sobretudo os salgados ou de sabor intenso. É o caso das azeitonas, dos chícharos e dos tremoços (vv. 20-21).

[314] Embora proverbialmente fosse uma zona de grande pobreza, o Piceno, na costa do Adriático, produzia umas afamadas azeitonas, segundo parece pelas suas grandes dimensões.

[315] V. n. a I 41, 12.

[316] Marcial sugere ao amigo um jantarinho modesto e despretensioso, sem conversas falsas ou incómodas, sem o enfado das leituras intermináveis com que os anfitriões costumavam brindar os convidados (cf. III 45; 50), sem os espectáculos do costume, por muito apelativos que pudessem ser. Para a satisfação dos sentidos bastará escolher bem quem vai estar ao lado...

É este o jantarinho. Cláudia será tua vizinha.
Que moça desejas tu ver a meu lado?

79

Onze vezes te levantaste da mesa, Zoilo, durante um único jantar,
   e mudaste de roupão[317] onze vezes,
não fosse o suor entranhar-se na húmida veste
   e uma ténue brisa irritar a pele sensível.[318]
Por que razão eu não suo, quando janto, Zoilo, contigo?
   Grande é a frescura que dá um único roupão.[319]

80

Concede-me, se estiveres livre, uma hora,
mas não toda, e podes pôr na minha conta, Severo,
o tempo que gastas a ler e a avaliar as minhas bagatelas.
'É chato desperdiçar as férias.' Peço-te
que suportes e faças este sacrifício.
Pois se leres esses poemas – mas não
estarei eu a ser maçador? – com o eloquente Segundo,[320]
muito mais agradecido te há-de ficar este
livrinho do que ao seu próprio autor.
É que ficará seguro, e nem verá
o inquieto mármore do extenuado Sísifo,[321]
o livrinho que a lima censora[322] do douto
Segundo, com o meu caro Severo, tiver bem desgastado.

---

[317] A *synthesis* (v. n. a II 46, 4).

[318] Desculpas para a vaidade e a ostentação que não enganam Marcial. Cf. II 16.

[319] Mesmo que quisesse exibir-se, como faz Zoilo, Marcial não tem senão uma túnica para vestir nos jantares em que participa. Cf. II 58.

[320] Embora a identificação seja discutível, há quem pense que se trata de Plínio-o-Jovem (*C. Plinius Caecilius Secundus*), sobretudo tomando como base os adjectivos com que aqui é classificado (*disertus*: eloquente; *doctus*, v. 11: douto). Datariam assim desta época os primeiros contactos entre o poeta e o patrono que em 98 o ajudou a regressar à terra natal (cf. vol. I, p. 14, e X 20).

[321] Isto é: Marcial não terá despendido o seu esforço em vão, como acontecia com Sísifo, condenado, depois de por mais de uma vez ter desafiado e enganado os deuses, ao castigo de eternamente empurrar uma pesadíssima pedra por uma íngreme encosta acima, para, chegado ao topo, logo ela rolar de novo até abaixo e o obrigar a recomeçar a penosa tarefa.

[322] Com que se rasuravam os enganos de um texto.

81
Sempre pobre serás, se pobre és, Emiliano.
Agora não se dão bens a ninguém, senão aos ricos.

82
Porque me prometias, Gauro, duzentos mil,
  se dar não podias, Gauro, sequer dez mil?
Ou então podes e não queres? Pergunto-te, não é mais desonesto
                                                    [ainda?
Ora vai para o raio que te parta, Gauro: és um tipo bem
                                                    [mesquinho.

83
Persegues-me, fujo; foges, persigo-te. Tal é o meu coração:
  o teu querer, não o quero, Díndimo; é o teu não querer que eu
                                                         [quero.

84
Já a criança, triste por largar as nozes,
é chamada pelo professor[323] em altos berros;[324]
e em má hora traído pelo copo dos dados[325] sedutor,
há pouco roubado da tasca clandestina,
o jogador de dados, a suar, suplica o perdão do edil.[326]
As Saturnais já transcorreram, todas,
e nem os pequenos presentinhos, nem os menores ainda,
me mandaste, Gala, como costumavas.

---

[323] As nozes serviam às crianças para brincar, usando-as como berlindes ou 'malha'. Durante as Saturnais (v. n. a II 85, 2), as escolas fechavam e os meninos tinham todo o tempo para os seus jogos. As nozes simbolizavam o tempo despreocupado da infância, a ponto de a expressão *relinquere nuces* ('abandonar as nozes') significar 'deixar a meninice, crescer'.

[324] Ontem como hoje, o professor é visto em alguns traços típicos e caricaturais, como o hábito de falar em altos gritos, ou os 'traumatismos' que causam nas criancinhas (cf. IX 68; X 62). Ontem como hoje, também, compete às criancinhas não gostar da prisão da escola e do seu carcereiro, o professor, por muitas inovações pedagógicas que se vão experimentando.

[325] V. n. a IV 14, 8.

[326] Que o apanhou em flagrante delito de jogar em tempo ilícito. O edil era o magistrado que tinha, entre as suas funções, a do policiamento da cidade.

Pois bem, assim se vá o meu dezembro.
Sabes decerto, cuido eu, que estão mesmo a chegar as vossas
Saturnais, as calendas de março:[327]
uma boa ocasião para te devolver, Gala, o que me deste.

---

[327] As Matronais (*Matronalia*) realizavam-se nas calendas (dia 1) de Março. Nesse dia eram as mulheres que recebiam presentes dos parentes e amigos, enquanto nas Saturnais eram os homens os presenteados.

EPIGRAMAS
LIVRO VI

LIVRO VI

1
Ora cá te envio este livrinho, o sexto,
 meu caro Marcial,[1] amigo entre os primeiros:
se o burilares com ouvido[2] delicado,
 menos ansioso e trémulo, ele ousará
chegar às magnânimas mãos de César.[3]

2
Havia o jogo de trair o vínculo do sagrado archote,[4]
 e o jogo de castrar machos que o não mereciam.[5]
Um e outro tu proíbes, César, e às futuras gentes
 tu proteges, quando lhes impões nascimento sem fraude.
Nenhum castrado ou adúltero haverá no teu reinado,
 quando antes – que maus hábitos!– era adúltero até um castrado.[6]

3
Nasce, ó nome ao dardânio Iulo[7] prometido,
 verdadeiro rebento dos deuses; nasce, excelso menino,[8]

---

[1] V. n. a I 15, 1.

[2] 'Ouvido' e não 'olhar', o que pressupõe a leitura em voz alta, e a atenção dada à sonoridade das palavras e ao ritmo do verso.

[3] Domiciano. Sem dedicar a recolha directamente ao imperador como fez no livro anterior, Marcial revela, a abrir este conjunto de epigramas, quem realmente lhe interessa ter como patrono.

[4] O archote representa o casamento (v. n. a IV 13, 2). No âmbito da *censura perpetua* que assumiu, e da *correctio morum* (v. n. a I 4, 7 e II 60, 4), Domiciano repôs em vigor a *lex Iulia de adulteriis coercendis*, conjunto de determinações promulgadas por Augusto, e que faziam do adultério um crime da alçada do Estado.

[5] Domiciano proibiu a castração de jovens e diminuiu o preço dos eunucos que se encontravam à venda, como forma de dissuadir a continuação da prática (v. n. a II 60, 1).

[6] As mulheres de costumes dissolutos, sobretudo se casadas, procuravam o prazer físico com eunucos, pela segurança de não poderem conceber filhos espúrios.

[7] Iulo ou Ascânio ('dardânio' porque descendia de Dárdano, antepassado dos reis de Tróia), filho de Eneias e de sua esposa troiana, Creúsa, foi o fundador mítico de Alba Longa, e, por isso, antepassado dos Romanos. Recorde-se que a

a quem teu pai, longo tempo passado, as rédeas eternas possa
[confiar,
e, com ele mais idoso, tu, já idoso, o mundo possas governar.
E em pessoa, te fiará, com polegar de neve, os fios dourados,
a própria Júlia;[9] e tecerá, por inteiro, o carneiro de Frixo.[10]

4

Ó censor supremo[11] e, dos príncipes, príncipe,[12]
se tantos triunfos te deve já,[13]
tantos templos novos,[14] tantos renovados,[15]

---

gens Iulia, a que pertencia Júlio César, Augusto e os seus descendentes, reclamava Iulo como seu antepassado mítico, o que, implicitamente, os fazia descender de Vénus, mãe de Eneias. Embora Domiciano nada tivesse do sangue dos *Iulii*, a filiação mítica e divina parece persistir por via da função de *princeps*.

[8] Há quem interprete este epigrama como estando para nascer um segundo filho de Domiciano (v. n. a IV 3, 8). Parece, todavia, mais provável que, passando os anos sem que o *princeps* tivesse descendentes, o povo romano, aqui representado por Marcial, se começasse a inquietar com a circunstância, ou pelo menos a dizer desejar ardentemente que o poder da dinastia flávia se prolongasse com um filho do imperador. O herdeiro esperado, porém, não chegou a nascer: Domiciano adoptou dois dos sete filhos de uma sobrinha sua e um seu primo (que perseguiu, mandando matar este e exilar aquela), a quem deu os nomes de Vespasiano e Domiciano (v. n. a II 90, 1). Não há notícia do que aconteceu a estes jovens após o assassínio do último Flávio. Nos dois primeiros versos deste epigrama, há ecos de Vergílio (*Bucólicas* IV 49; *Eneida* I 288).

[9] Júlia era filha de Tito e, portanto, sobrinha de Domiciano. Diz-se que o tio se apaixonou por ela, fez executar o marido da jovem por conspiração, e manteve-a abertamente como sua amante. Morreu em 89, segundo os detractores de Domiciano porque engravidou e o imperador a obrigou a abortar. Foi divinizada e Marcial assimila-a aqui à Parca que fiará um longo fio da vida para seu primo nascituro.

[10] O Velo de Ouro, causa da expedição dos Argonautas, que tivera a sua origem no carneiro alado que transportou Frixo e sua irmã Hele através do mar (onde Hele caiu, no estreito depois chamado Helesponto) até à Cólquida.

[11] V. n. a I 4, 7.

[12] Registe-se o louvor superlativado ao jeito hebraico.

[13] V. n. a V 19, 3.

[14] Domiciano erigiu, entre muitos outros templos e santuários, o *templum gentis Flauiae*, situado no local onde nascera, e que se destinava a guardar as cinzas dos Flávios já desaparecidos e a prestar culto aos membros da família consagrados pela apoteose.

[15] Entre os templos mandados reconstruir por Domiciano conta-se o templo a Júpiter Capitolino, que ficara arrasado no ataque dos partidários do imperador

tantos espectáculos,[16] tantos deuses,[17] tantas cidades,
mais te deve Roma pela sua castidade.[18]

5
Uma propriedade rural por boa maquia comprei:
 que me emprestes cem mil sestércios, Ceciliano, eu te peço.
Nada me respondes? O teu silêncio me diz, julgo eu:
 'Não mos vais devolver'. Por isso mesmo, Ceciliano, tos peço.

6
Há três actores na comédia,[19] mas a tua Paula, Luperco, ama
 quatro: Paula ama até *le personnage muet.*[20]

7
Desde que a lei Júlia,[21] Faustino,[22] a bem do povo renasceu
 e que entrasse nas casas à Pudicícia[23] ordem se deu,
é o trigésimo dia, ou menos, porque mais não decorreu,
 e já Telesila casa com o décimo marido.[24]

Vitélio, em 69, quando Vespasiano tomava o poder. Recomeçada a reconstrução por Vespasiano, um incêndio destruíra-o de novo em 80.

[16] Domiciano não poupava despesas para realizar Jogos e espectáculos, a que fazia questão de assistir. V. ainda n. a IV 1, 5, 6 e 7.

[17] Os membros da sua família divinizados: o pai, Vespasiano; o irmão, Tito; a irmã, Flávia Domitila; a sobrinha, Júlia; o filho morto ainda criança.

[18] Alusão às determinações das leis promulgadas ou repostas em vigor no âmbito da *correctio morum*, a moralização dos costumes, entre as quais a *lex Iulia de adulteriis coercendis* e a *lex Scantinia*, que reprimia a sodomia com homens, jovens e crianças de nascimento livre. V. tb. n. a VI 2, 2.

[19] Os autores dramáticos não punham em cena mais que três personagens intervenientes em simultâneo. Um quarto actor seria *persona muta* (cf. Horácio, *Arte poética* 192).

[20] Usamos o francês para traduzir as expressões em grego: κωφὸν e πρόσωπον. A Paula só interessa ter muitos amantes...

[21] V. n. a VI 2, 1.

[22] V. n. a I 25, 1.

[23] A *Pudicitia* era a personificação da castidade e do recato femininos. Em Roma, recebia culto em dois santuários, respectivamente consagrados à *Pudicitia patricia* e à *Pudicitia plebeia*.

[24] Evidente exagero. Denuncia, no entanto, a forma que muitos encontraram para contornar a lei: obrigados a regularizar as ligações à margem da lei, casavam--se e divorciavam-se ao sabor de caprichos e apetites.

Quem casa tantas vezes, não casa: adultério legal cometeu.
Menos me escandaliza uma galdéria assumida.

8

Dois pretores, quatro tribunos,
sete advogados, dez poetas,
a mão da uma tal ainda há pouco pediam
a um tal ancião. Sem demora ele
deu a moça ao leiloeiro Êulogo.
Diz-me cá, Severo, achas que fez alguma patetice?[25]

9

Dormes, Levino, no teatro de Pompeio[26]
e queixas-te se Oceano te manda levantar?[27]

10

Pedia eu há pouco a Júpiter alguns milhares de sestércios:
 'Vai dar-tos' respondeu 'aquele que templos me deu.'[28]
Templos deu ele, por certo, a Júpiter, mas milhares a mim
 nem um deu. Oh vergonha! pedi pouco a Júpiter![29]
Mas quão sem severidade, quão sem sombra de ira,
 com que ar afável tinha lido as minhas súplicas![30]

---

[25] A ocupação de *praeco* era bastante mais lucrativa do que as quatro referidas nos vv. 1-2, com certeza pelas comissões que implicava.

[26] Foi o primeiro totalmente construído em pedra, em 55 a.C., pois até aí, já que os Romanos viam com desconfiança o excessivo apego a representações e Jogos, os espectáculos decorriam em recintos provisórios e com bancadas que se desmontavam no fim das festividades.

[27] Oceano era o *designator theatralis*, aquele que vigiava para que as 14 filas de lugares destinadas aos cavaleiros não fossem indevidamente ocupadas (v. n. a III 95, 10). Aqui há um jogo de palavras com o verbo *suscitare* que significa 'levantar', mas também 'despertar', à semelhança do que acontece em português.

[28] Domiciano. Além da reconstrução do templo a Júpiter Capitolino (v. n. a VI 4, 3), o *princeps* fez erigir um santuário a *Iuppiter Custos* (Protector), no local onde se situava a casa em que se refugiara durante o ataque dos vitelianos ao Capitólio, e donde depois se escapara, ileso, disfarçado de sacerdote de Ísis. Desde então, Domiciano sempre reclamou ser alvo privilegiado da protecção de Júpiter.

[29] A quantia pedida foi irrisória, o que agrava a humilhação do poeta.

[30] Marcial terá pedido apoio monetário a Domiciano, e não obteve resposta. Renova agora o pedido, e simula encontrar esperança de ser atendido tanto no ar de bonomia com que foi atendido da primeira vez, como no facto de não ter

Assim também distribui diademas aos suplicantes dácios[31]
e desfila ao subir e ao descer as vias do Capitólio.[32]
Diz-me, te rogo, diz-me, ó virgem confidente[33] do nosso Tonante,[34]
se com tal semblante diz que não, com qual então costuma dar?
Assim dizia eu; e assim, de Górgone[35] afastada, Palas, concisa,
[me dizia a mim:
'O que ainda te não foi dado, insensato, recusado o julgas já?'

11

De não existir um Pílades, neste tempo, nem um Orestes[36]
te admiras? Pílades, Marco, bebia vinho igual,
e um pão ou tordo melhor não se oferecia a Orestes,
mas um só e mesmo jantar era servido aos dois.
Tu ostras do Lucrino[37] papas; a mim me alimenta amêijoa aguada:
menos apurado, Marco, não tenho o meu palato.
Tiro de Cadmo[38] te veste; a mim, a sebenta Gália:[39]

---

recebido resposta claramente negativa. Também esta tentativa deve ter resultado infrutífera. Se assim não fosse, com certeza o poeta teria escrito um ou mais epigramas celebrando e agradecendo a generosidade.

[31] Cf. V 3. Alusão ao momento em que Dégis, irmão ou parente de Decébalo, rei dos Dacos, veio a Roma para, junto de Domiciano, reconhecer em nome do seu povo a supremacia dos Romanos. Nesse encontro, Domiciano colocou um diadema na cabeça do inimigo submetido, gesto que Díon Cássio (67. 7. 3) explica como uma forma de o *princeps* mostrar que, tendo subjugado os Dacos, era a ele que cabia o direito de escolher quem eles teriam como rei.

[32] Na celebração dos triunfos. O cortejo triunfal entrava em Roma pela *porta triumphalis* e dirigia-se ao Capitólio, terminando no templo a Júpiter Capitolino, onde o *triumphator* oferecia sacrifícios ao deus e lhe consagrava a sua coroa de louros.

[33] Minerva (v. 11: Palas), a deusa da particular predilecção de Domiciano.

[34] Domiciano, identificado com Júpiter (o 'Tonante': v. n. a V 55, 1).

[35] Minerva colocara no seu escudo a cabeça da Medusa, morta por Perseu. Assim, quem se opusesse à deusa transformava-se em pedra mal olhasse a Medusa, poder que esta conservara. Recorde-se que Perseu só conseguiu matá--la porque não a olhou de frente, servindo-se de um escudo brilhante como um espelho para a poder fixar e atingir.

[36] Orestes, filho de Agamémnon e Clitemnestra, e Pílades são o modelo da amizade absoluta. Cresceram juntos e, nos momentos mais difíceis, como quando Orestes teve de decidir se devia ou não matar sua mãe para vingar o assassínio do pai, Pílades esteve sempre presente, dando-lhe força e ajuda.

[37] V. n. a III 60, 3.

[38] V. n. a II 43, 7.

[39] A lã grosseira dos rebanhos da Gália.

tu de púrpura e eu de sago,⁴⁰ Marco: queres que seja teu amigo?
Para eu fazer de Pílades, alguém se torne meu Orestes.
Isto não vai com palavras, Marco: para teres amigos, sê amigo.

12
Jura que são seus os cabelos que comprou
Fabula: e achas, Paulo, que ela é perjura?

13
Quem te não achará, Júlia,⁴¹ fruto do cinzel de Fídias,⁴²
   ou quem te não achará obra da arte de Palas?
O branco mármore responde pela imagem não muda
   e, norosto de candura, brilha, viva, a formosura.
Brinca a sua mão, mas sem dureza, com o laço acidálio⁴³
   que ao teu colo arrebatou, ó tenro Cupido.⁴⁴
Para atrair Marte a novo amor, ou o supremo Tonante,⁴⁵
   te peça o cinto Juno,⁴⁶ e até a própria Vénus.

14
Que és capaz de escrever versos eloquentes,
tu afirmas, Labério: porque o não queres fazer então?
Quem versos eloquentes é capaz de escrever,
que os escreva,⁴⁷ Labério: hei-de julgá-lo um homem.

---

⁴⁰ V. n. a I 3, 8.
⁴¹ V. n. a VI 3, 6.
⁴² V. n. a III 35, 2.
⁴³ Trata-se do cinto de Vénus (dita Acidália, porque tutelava a fonte do mesmo nome, situada na Beócia, na qual se banhavam as Graças, suas filhas). Esse cinto, que tinha bordados todos os encantos do amor (a ternura, o desejo, os enganos...), servira à deusa para com ele inflamar de amor o deus Marte. Parece assim poder ler-se, nesta representação escultórica de Júlia identificada com Vénus que Marcial descreve, o ascendente amoroso que a sobrinha teria tido sobre Domiciano.
⁴⁴ O filho de Vénus, que estaria representado na estátua ao lado de Júlia.
⁴⁵ V. n. a V 55, 1.
⁴⁶ Como conta Homero (*Ilíada* XIV 214 ss.), Hera (= Juno) recebeu emprestado de Afrodite (= Vénus) este cinto. Usando-o, conseguiu enfeitiçar de amor o marido, Zeus (= Júpiter), e conseguir dele o que queria. Agora, segundo Marcial, tanto Vénus como Juno terão de pedir o cinto a Júlia, que o possui. Cf. XIV 206; 207.
⁴⁷ Por comodidade e clareza de sentido, adoptamos a lição mais corrente *conscribat*, em vez de *non scribat*, seguida pela ed. Teubner.

15

Na sombra de Faetonte[48] andava errando uma formiga,
  quando uma gota de âmbar apresou o pequeno insecto.
Se ainda há pouco, enquanto viva, ela fora desprezada,
  depois destas honras fúnebres já se tornou valiosa.

16

Tu[49] que coa foice os machões amedrontas e co membro os
[maricas,[50]
  protege as poucas jeiras de um campo afastado.
Assim em teu vergel não entrem ladrões muito velhos,
  só um moço ou bela moça de compridos cabelos.

17

Tu, Cínamo, queres que te chamem Cina.[51]
Pergunto, Cina: isso não é um barbarismo?
Se *Furius* antes te chamassem,
com essa lógica, *Fur* [52] te chamarias.

18

Em ibéricas terras repousa a sombra veneranda de Salonino;
  outra melhor não contempla as estígias moradas.[53]
Mas chorar é impiedade: pois quem, Prisco, te deixou
  vive na metade em que viver mais desejou.

19

Nem de violência, nem sangue, nem veneno,
mas de três cabrinhas é o litígio que me traz:
desapareceram, me queixo, um vizinho as furtou.
É isso que o juiz solicita que lhe provem.

---

[48] V. n. a IV 32, 1.
[49] Priapo. V. n. a I 35, 15.
[50] Outra lição apresenta *pene uiros ... falce cinaedos*: 'os machões com o membro e os maricas com a foice'.
[51] Cínamo é nome que deixava transparecer a origem servil. Agora liberto, Cínamo quer adoptar, por 'redução' do nome, um outro que o confunde com uma nobre e antiga família patrícia de Roma.
[52] Jogo de palavras com o nome próprio *Furius* e o comum *fur* 'ladrão'.
[53] V. n. a I 78, 4.

Tu de Carras[54] e da guerra mitridática[55]
e dos perjúrios da fúria púnica,[56]
e dos Sulas e dos Mários e dos Múcios[57]
em alta voz retumbas e em largos gestos.[58]
Fala agora, Póstumo, mas é das três cabrinhas.

20

Cem mil sestércios, Febo, emprestados te pedi,
   já que tinhas dito:'Então não queres nada de mim?'
Investigas, hesitas, contemporizas, e a mim e a ti
   dez dias martirizas... Só peço agora, Febo, que digas 'não'.

21

Ao unir eternamente Iântis ao poeta Estela,[59]
   disse Vénus, alegre:'Eu dar-te mais não pude.'

---

[54] Localidade assíria onde, em 53 a.C., foi derrotado e morto Crasso, o aliado de César e Pompeio naquele que é conhecido como o 1º triunvirato. Outros editores adoptam a leitura *Cannas*: nesse caso, a alusão seria ao tremendo desastre de Canas, infligido por Aníbal aos Romanos em 216 a.C., durante a 2ª Guerra Púnica.

[55] Mitridates, rei do Ponto, opôs-se frontalmente aos Romanos no séc. I a.C., em três conflitos que receberam o nome de 'Guerras mitridáticas' (89-85 a.C.; 83-81 a.C.; 73-63 a.C.). Na 1ª dessas guerras massacrou cerca de 80 mil romanos e itálicos residentes na *Asia*. Sula, Luculo e, finalmente, Pompeio, que o derrotou definitivamente, foram os generais romanos que o combateram.

[56] V. n. a II 2, 2 e IV 14, 5.

[57] Por antonomásia, Marcial evoca três grandes nomes da história romana: Lúcio Cornélio Sula (c. 138 – 78 a.C.), general e líder dos *optimates* na guerra civil contra os *populares* chefiados por Mário, e conhecido sobretudo pelas suas terríveis proscrições; Gaio Mário (c. 157 – 86 a.C.), opositor do primeiro, reorganizou o exército romano em bases profissionais, e ordenou também ele um indiscriminado massacre de todos quantos podiam ser seus inimigos; o último dos nomes deverá ser o de Múcio Cévola (v. n. a I 21, 1), embora outros membros da mesma família se tenham distinguido em Roma.

[58] Marcial ataca aqui os advogados que aproveitavam todas as causas, mesmo as mais banais, para exibir os seus conhecimentos e dotes oratórios, espraiando--se durante horas nos seus discursos (Pompeio estabelecera o limite máximo dessas intervenções em três horas, o que ainda assim lhes parecia pouco para tais exibições).

[59] V. n. a I 7, 1. Estela casou com uma viúva muito rica, chamada Violentila, a quem ele tratava poeticamente pelos nomes gregos de *Ianthis* ('violeta') ou de *Asteris*, segundo nos diz o poeta Estácio (*Silvas* I 2), também ele protegido de tão rico e generoso patrono.

Livro VI

Disse à frente da esposa; mas mais maldosa ao ouvido:
  'Não sejas infiel, maroto, ora vê lá.
Muitas vezes, furiosa, bati no lascivo Marte,
  por andar a vadiar antes da união legítima;
mas depois que ficou meu, com pega alguma me ofendeu:[60]
  assim tão honesto queria Juno ter marido.'[61]
Disse e com o cinto mágico no peito lhe bateu.[62]
  O golpe dá prazer, mas trata agora, deusa, de bater nos dois.[63]

22

Se casas, Proculina, com quem vais prà cama,
e do amante de há pouco fazes agora marido,
para que a lei Júlia te não deite a mão:[64]
não é casamento, Proculina, mas uma confissão.

23

Exiges minha picha, Lésbia, para ti sempre em sentido.
  Acredita em mim: o membro não é um dedo.
Embora insistas com as mãos e com palavras meigas,
  tens contra ti essa cara de comandante.

24

Nada mais folgazão que este Carisiano:
até nas Saturnais se passeia de toga.[65]

---

[60] Fantasia mitológica de Marcial: Vénus e Marte nunca foram marido e mulher. Tiveram, sim, uma trepidante e escandalosa aventura adulterina, pois a deusa estava casada com o feio e coxo Vulcano (o Hefesto grego), o deus do fogo. Mas o Sol, que tudo vê, revelou ao marido enganado o que se passava. Este apanhou os adúlteros em flagrante delito, deixando cair sobre eles uma rede que os imobilizou, e em seguida fez com que todos os deuses vissem e escarnecessem do chocante quadro.

[61] É proverbial a infidelidade conjugal de Júpiter, que amou deusas, semideusas, mortais e também alguns jovens, como Ganimedes, o seu copeiro.

[62] Iântis fica senhora do feitiço: Estela não lhe resistirá nunca (v. n. a VI 13, 5 e 8).

[63] Em vez de *parce tuo*, preferimos aqui a lição *caede duos* por tornar o epigrama mais claro.

[64] V. n. a VI 2, 1 e 7, 4.

[65] V. n. a II 46, 4 e 85, 2. Marcial denuncia ironicamente a artimanha de Carisiano para esconder a falta de recursos que não lhe permitia ter a requerida *synthesis*.

25

Marcelino,[66] de um bom pai honesto rebento,
   que a arrepiante Ursa cobre com o parrásio jugo,[67]
o que o teu velho amigo, e de teu pai, te deseja
   acolhe, e guarda estes votos nas lembranças do peito:
prudente seja a coragem, e um temerário ardor
   te não lance no meio das espadas e impiedosos dardos.
Desejem guerras e o fero Marte os insensatos,
   tu podes de teu pai ser soldado e do imperador.

26

Arrisca a cabeça[68] o nosso Sótades.
Julgam que Sótades é réu? Não é.
Já não consegue endireitá-la: Sótades agora lambe.

27

Ó duas vezes vizinho[69] Nepos,– também tu perto de Flora[70]
   e também na antiga Ficélias[71] habitas –,
tens uma filha, cuja cara chapada do pai
   dá testemunho da virtude da mãe.
Mas não poupes demasiado teu anoso falerno,[72]
   e antes lhe deixa as jarras cheias de moedas.
Seja piedosa, seja abastada, mas beba vinho novo:
   a ânfora nova se torne velha com a dona.
Não alimente a vindima cécuba[73] só quem não tem filhos:
   os pais têm também, crê em mim, direito a gozar a vida.

---

[66] V. III 6. Marcelino é soldado, neste momento estacionado em alguma das regiões setentrionais onde Roma enfrentava conflitos bélicos (talvez contra os Dacos). Sobre o prosseguimento da carreira militar deste jovem, v. VII 80 e IX 45.

[67] V. n. a IV 11, 3.

[68] O verbo escolhido pelo poeta, *periclitatur*, permite-lhe jogar com dois dos seus significados: 'correr perigo (< *periculum*) de perder um processo em tribunal'; 'pôr a saúde em risco'.

[69] Vizinho em Roma e nas respectivas propriedades rústicas.

[70] Flora é a divindade da natureza que preside a tudo o que 'floresce'. Simboliza aqui o campo.

[71] Bairro do Quirinal.

[72] V. n. a I 18, 6.

[73] V. n. a II 40, 5.

28

O liberto de Mélior,[74] aquele tão conhecido,
que faleceu para dor de Roma inteira,
breves delícias do patrono querido,
Gláucias,[75] sob este mármore inumado,
jaz no sepulcro ao lado da via Flamínia.[76]
Casto de costumes, imaculado no pudor,
sagaz de inteligência, de beleza bem feliz.
A seis colheitas há pouco duplicadas,
o rapaz tentava mais um ano juntar.
Viandante que tal choras, mais não venhas a chorar.[77]

29

Nem da ralé da mansão nascido,[78] nem de avaro tablado,[79]
   mas moço digno da pura afeição do senhor,[80]
incapaz de perceber ainda o dom do seu patrono,
   Gláucias era agora um liberto de Mélior.[81]
Graça feita ao carácter e beleza: quem mais meigo do que ele?
   Ou quem mais belo foi no seu rosto de Apolo?
Breve é o tempo das grandes almas e rara a velhice:
   ao que amares, não desejes que te encante demais.[82]

---

[74] V. n. a II 69, 7.

[75] Estácio também lamentou a morte de Gláucias (*Silva* II 1), o que prova que Atédio Mélior era outro dos patronos que Marcial e Estácio tinham em comum.

[76] V. n. a IV 64, 19. Os sepulcros ficavam fora da cidade, em ambos os lados das vias que lhe davam acesso. Veja-se o exemplo paradigmático da Via Ápia.

[77] O epigrama assume a forma de epitáfio, terminando com a comum interpelação ao *uiator*, o viandante que passa e pára para ler o que está gravado no 'mármore'. Vejam-se as informações habituais em epitáfios: nome (v. 4), identificação do patrono (v. 1), idade (13 anos incompletos: vv. 8-9), qualidades do defunto (vv. 6-7).

[78] Os *uernae*. V. n. a I 84, 4.

[79] A *catasta* era o estrado sobre o qual se expunham os escravos para venda, para que os potenciais compradores pudessem apreciá-los e avaliá-los.

[80] Ao poema em forma de epitáfio segue-se o epicédio, o lamento pela morte de Gláucias.

[81] Tal como Marcial fizera com Demétrio (cf. I 101), Mélior manumitiu o jovem escravo.

[82] Os deuses invejam (e castigam) a demasiada felicidade e a excessiva confiança dos homens. É esse o princípio de Némesis.

30

Se me tivesses dado logo seis mil sestércios,
quando me disseste 'Toma, pega, ofereço-tos'
ficava-te em dívida, Peto, como por duzentos mil;
mas agora que com tanta demora mos deste,
sete calendas passadas, salvo erro, ou nove,[83]
queres que te diga a verdade das verdades?
Seis mil sestércios, Peto, foi o que perdeste.

31

Tu mesmo sabes e consentes, Caridemo, que com a tua mulher
    o médico ande a foder.[84] Queres sem febre morrer?[85]

32

Incerta andava ainda a Enio[86] da guerra civil
    e o efeminado Otão[87] podia talvez vencer,
mas condenou Marte que tanto sangue ia custar,
    e trespassou de lado a lado, com mão firme, o peito.
Fosse Catão, em vida, maior até que César,
    foi, por acaso, ao morrer,[88] maior do que Otão?

33

Maior desgraçado, Matão, que o panasca Sabelo
    tu não viste; e antes mais feliz que ele ninguém era.
Roubos, fugas, mortes de escravos, fogos, lutos
    oprimem o tipo. E agora o infeliz até fode mulheres!

---

[83] V. n. a I 99, 6.

[84] Mais um traço a denegrir os médicos: imoralidade nas relações com as suas doentes. V. n. a I 30, 1.

[85] Isto é: queres morrer envenenado?

[86] V. n. a *Spect.* 27, 3.

[87] Otão (32 – 69) foi o 2º dos *principes* do chamado 'ano dos quatro imperadores' (68-69), época em que, após a morte de Nero, se sucederam no poder Galba, Otão, Vitélio e Vespasiano. Otão foi imperador durante três meses e, na luta que o opôs a Vitélio e aos seus partidários, embora este tivesse vencido em Bedríaco, poderia ainda levar a melhor. Preferiu, porém, suicidar-se, evitando a guerra civil. Sempre levara uma vida dissoluta, companheiro de desmandos de Nero, que acabou por afastá-lo para a Lusitânia, fazendo-o governador após ter-lhe seduzido a mulher, Popeia Sabina.

[88] V. n. a I 8, 1.

Livro VI

34

Dá-me beijos, Diadúmeno,[89] aos molhos.'Quantos?' – perguntas.
  As ondas do mar me mandas contar,
e as conchas dispersas pelas praias do mar Egeu
  e as abelhas que vagueiam no cecrópio monte,[90]
e, no teatro cheio, os gritos e palmas que ressoam,
  quando de improviso o povo vê o rosto de César.[91]
Não quero os que ao melódico Catulo deu de encomenda
  Lésbia:[92] poucos deseja quem é capaz de os contar.

35

Sete clépsidras[93] que em alta voz pedias,
  o juiz, Ceciliano, contrariado te deu.
Mas alongas-te em palavras e bebes água tépida
  por vasos de vidro, para trás inclinado.
Para saciar a voz e a sede de uma vez, por favor,
  bebe lá, Ceciliano, mas é da clépsidra.

36

Tens tamanha pila, Pápilo, e um tão grande nariz,
  que, quando ela se endireita, até a podes cheirar.

37

Do cu, truncado até ao umbigo,
nenhum vestígio já tem Carino,
mas arde em comichão até ao umbigo.
Oh quanta coceira sofre o desgraçado!
Cu não tem ele, mas é paneleiro.

---

[89] V. III 65 e V 46.

[90] O monte Himeto, na Ática, famoso pelo seu mel e as jazidas de mármore. V. n. a I 25, 3 e IV 13, 4.

[91] Era processo comum de auscultar a popularidade do senhor de Roma. Cf., por ex., VIII 11, 5-6.

[92] Alusão ao célebre poema 5 de Catulo, em que o poeta pede à amada 'primeiro mil beijos, depois cem, depois outros mil, depois outros cem' (vv. 7 ss.). Este epigrama retoma ainda o carme 7 de Catulo, nas sugestões de impossibilidade de contar os beijos dados ou recebidos quando se ama.

[93] Forma de regulamentar o tempo concedido aos advogados, em tribunal (v. n. a VI 19, 8). O tempo pedido já é exagerado, mas ainda assim Ceciliano alonga-se no discurso e nas pausas, enfadando todos.

38

Vês como, sem três anos ter ainda completos,
   já o pequeno Régulo[94] louva as palavras de seu pai,
e deixa o regaço da mãe mal vê o seu progenitor
   e os paternos louvores como seus os compreende?
Já os centúnviros aos brados e os círculos apertados
   do povo e a Júlia basílica ao petiz dão gozo.[95]
Assim agrada a poeira ao filho de corcel fogoso,
   assim anseia pela luta o vitelo de tenra fronte.
Deuses, guardai, vos peço, seus votos à mãe e ao pai,
   para que Régulo ouça o filho e ela possa ouvir os dois![96]

39

Sete vezes pai, Cina, por Marula te tornaste,
não de homens livres:[97] pois nem um é teu
nem de um amigo ou filho do vizinho,
mas, em catres e esteiras concebidos,
mostram na cara as escapadas da mãe.
Este que aqui vem, mouro de carapinha,
confessa-se rebento do cozinheiro Santra;
e aquele de nariz chato, com lábios inchados,
é a cara chapada do lutador Pânico.
O terceiro é do padeiro, quem o não sabe,
ao vê-lo remeloso e conhecendo Dama?
O quarto, de rosto pálido, com ar de panasca,
para ti nasceu do amante Ligdo:
enraba esse filho, se queres: não é impiedade.

---

[94] O filho de Marco Aquílio Régulo (v. n. a I 12, 8).

[95] O menino, na opinião de Marcial sem dúvida sobredotado, já aprecia ver o pai no exercício da sua actividade no tribunal dos centúnviros (que julgava questões civis e se reunia na Basílica Júlia, construída por Júlio César, no *Forum*).

[96] O voto não se realizou: o filho de Régulo morreu poucos anos depois, o que provocou indizível dor em seu pai, manifestada em gestos que Plínio-o--Moço muito lhe censurou (*Epist.* IV 7), como queimar junto à pira do filho todos os animais de estimação do jovem. Quanto à mãe, que se chamava Cépia Prócula, morreu ainda antes do filho, tendo Régulo, segundo acusa Plínio (*Epist.* IV 2), emancipado o filho ainda criança, para que pudesse receber a herança da mãe e o pai a usasse em seu próprio proveito.

[97] V. n. a I 84, 4. Em português perde-se o jogo com o duplo significado de *liberi* ' filhos' e 'livres'.

Este de cabeça aguçada e orelhas compridas,
que se movem como as dos jumentos,
quem nega que é filho de Cirta, o bufão?
As duas irmãs, a morena e a ruiva,
são do flautista Croto e do caseiro Carpo.
Já terias lá a trupe inteira dos Nióbidas,[98]
se Coreso e Díndimo não fossem castrados.

40

Mulher alguma te pôde exceder, Licóris;
    exceder Glícera mulher alguma pode.
Esta será como tu: tu, ser como ela, não podes já.
    O que o tempo faz! A esta quero-a, a ti já te quis.

41

Quem recita com garganta e pescoço em lã envoltos[99]
    diz que não é capaz de falar, nem de se calar.

42

Se te não banhares nas lindas termas de Etrusco,[100]
sem banho, Opiano, tu hás-de morrer.
Nenhumas águas te afagam deste jeito,
nem as fontes de Ápono impróprias para moças,[101]
nem a amena Sinuessa[102] e, cálidas,
as águas do Pásser[103] ou a Ânxur[104] altaneira,[105]

---

[98] Os filhos de Níobe eram doze: seis rapazes e seis raparigas. V. n. a V 53, 2.

[99] V. n. a IV 41, 1.

[100] Trata-se de Cláudio Etrusco, outro dos patronos comuns a Marcial e a Estácio, que também louva (*Silva* I 5) as termas quentes (vv. 3-7), claras (vv. 8-10) e sumptuosas (vv. 11-15) nos seus mármores policromos, com que ele dotou a capital. Cf. VI 83; VII 40.

[101] V. n. a I 61, 3. As jovens não se banhariam nessas águas ou por pudor ou por superstição.

[102] Cidade do Lácio, já próxima da Campânia, conhecida pelas célebres termas denominadas *Aquae Sinuessanae*.

[103] As *Aquae Passerianae*, perto do lago de Volsínios, na Etrúria.

[104] Nome volsco de Tarracina, no Lácio, junto à Via Ápia. Domiciano possuía aí uma *uilla* (cf. V 1, 6).

[105] Porque sobranceira ao mar.

nem os banhos de Febo,[106] nem Baias[107] princesa.
Em nenhures o céu brilha tão transparente,
e até a luz é mais longa, e o dia
de lado algum se retira mais tarde.
Ali do Taígeto verdecem as jazidas,[108]
com que rivalizam os blocos matizados,
que bem fundo talham o Frígio[109] e o Líbio.[110]
O ónix opaco exala um calor seco
e com leve chama se aquentam[111] os ófitos.[112]
Se és amante dos costumes lacónicos,
podes, saciado de vapor seco,
mergulhar na Virgem ou Márcia naturais,[113]
que, tão coadas, tão claras, cintilam,
que ali das águas nem suspeitarás
e julgarás que é só o brilho do mármore.
Estás desatento e, de ouvidos indolentes,
há muito que me escutas sem qualquer interesse.
Sem banho, Opiano, tu hás-de morrer.

43
Enquanto te deleitas, Cástrico, na aprazível Baias,[114]
  e nas sulfurosas águas de branca ninfa nadas,

---

[106] As *Aquae Apollinares*, na Etrúria.

[107] V. n. a I 59, 1.

[108] Trata-se dos mármores verdes da Lacónia, onde ficava a montanha denominada Taígeto.

[109] Donde vinha um mármore branco raiado de tons violeta, chamado *marmor synnadicum* porque provinha de Sínados, cidade da Frígia.

[110] O mármore amarelo da Numídia.

[111] No *caldarium*, a zona dos banhos quentes e da sauna.

[112] Espécie de mármore com manchas semelhantes às de uma serpente (< ὄφις, serpente).

[113] Isto é: mergulhar nas águas frias (que vinham dos aquedutos denominados *Aqua Virgo* – v. n. a V 20, 9 – e *Aqua Marcia*), após o banho quente, prática que se destinava a enrijecer o corpo. O *laconicum* (assim chamado pela sua origem lacedemónia) era uma das dependências do *caldarium* em que se praticava a sauna, geralmente seguida de banho frio (o que é prática bem adequada aos rígidos costumes espartanos: Esparta ficava na Lacónia, no Peloponeso).

[114] V. n. a I 59, 1.

no campo de Nomento[115] me revigora a paz
 e uma casa não custosa para as suas jeiras.[116]
Este para mim é o sol de Baias e a volúpia do Lucrino,[117]
 estas são para mim, Cástrico, as vossas riquezas.
A quaisquer famosas águas outrora me apetecia
 acorrer, e as jornadas longas não as temia;
agora a vizinhança da Urbe e as fáceis saídas me agradam,
 e é quanto me basta, se ocioso posso viver.

44

Tu julgas, Caliodoro, que gracejas com piada
 e que só tu estás todo encharcado em sal.[118]
Com todos gozas, dichotes dizes contra todos:
 assim julgas que um conviva agradável podes ser.
Mas se algo não bonito, mas verdadeiro, eu disser,
 à tua saúde, Caliodoro, ninguém vai beber.[119]

45

Brincaram já que chegue: casem-se lá, conas lascivas.
 Não vos é permitido senão a Vénus casta.
É esta a Vénus casta? Letória casou com Ligdo:
 mais vil será a esposa do que era há pouco a adúltera.[120]

46

Farta-se a quadriga véneta[121] de levar com o chicote
 e não corre: muito bem, Caciano, ela se porta.

---

[115] Localidade nos arredores de Roma onde Marcial possuía uma propriedade rústica, modesta mas retemperadora do cansaço da Urbe.

[116] O que a terra dá é mais que suficiente para os gastos e as necessidades da casa.

[117] V. n. a I 62, 3.

[118] No sentido de 'graça', 'espírito'.

[119] Nas 'saúdes', os convivas bebiam todos pela mesma taça (cf. II 15). Mas se Marcial revelar os vícios a que Caliodoro se entrega...

[120] V. n. a VI 2, 1 e 6.

[121] Nas corridas do circo havia quatro facções: os brancos, os encarnados, os azuis (vénetos) e os verdes. Domiciano, embora tenha acrescentado as facções púrpura e dourada, 'torcia' pelos verdes (habitualmente associados aos 'populares', enquanto os 'azuis' se ligavam aos 'aristocratas'). Por isso, durante o tempo em que Domiciano esteve no poder, os azuis bem podiam remeter-se às

47

Ninfa, que da pura fonte doméstica do meu amigo Estela[122]
    escorres, brotando sob o tecto de gemas[123] de teu dono,
seja a esposa de Numa[124] quem da gruta de Trívia[125] te envia,
    seja a nona[126] do cortejo das Camenas,[127] vem.
Paga-te a promessa com esta porca virgem
    Marco,[128] que, doente, bebeu água às escondidas.[129]
Satisfeita já com a minha expiação, as delícias da tua fonte
    sem cuidados me concede: sadia seja a minha sede.

48

Se a turba de toga[130] com grandes bravos te aclama,
    não és tu, Pompónio, eloquente é o teu jantar.

49

Não sou[131] de brando olmo aparelhado;
está teso, em pé, com o veio direito,
e não é de qualquer pau o meu pilar,
mas de vivo cipreste criado,
que não teme contar gerações às centenas,

---

derrotas, para não descontentar o imperador. Quando ele morreu, Marcial não escondeu que os resultados das corridas estavam viciados (v. XI 33).

[122] V. n. a I 7, 1.

[123] V. n. a V 11, 3. É marca evidente da enorme riqueza do seu proprietário. Note-se ainda a presença de uma nascente dentro da própria casa de Estela: dela bebeu o poeta e ficou doente, por isso oferece um sacrifício à ninfa dessa fonte, pedindo o seu restabelecimento.

[124] A ninfa Egéria que, de noite, numa gruta junto a uma fonte sagrada, vinha encontrar-se com Numa Pompílio, o segundo rei de Roma, para lhe dar conselhos de carácter religioso e político.

[125] V. n. a *Spect.* 1, 3. Egéria recebia culto associada a Diana / Minerva, em Arícia, no Lácio, e também às Camenas, numa gruta junto da Porta Capena, em Roma, onde havia uma nascente à qual diariamente as Vestais iam buscar água.

[126] Calíope, a musa da epopeia.

[127] As velhas divindades latinas, assimiladas às Musas (v. n. a II 6, 16; III 68, 6).

[128] V. n. a III 5, 10.

[129] Relacionando este epigrama com VI 86, há quem interprete que Marcial bebeu a água contra as indicações do seu médico.

[130] V. n. a II 57, 5 e II 74, 1.

[131] É um Priapo (v. n. a I 35, 15) de madeira que aqui fala. O epigrama inclui-se no subgénero dos *Priapeia*.

nem o caruncho da avançada idade.
Mas deves temê-lo, sejas tu quem fores, ó má rês:
pois se, por pequenos que sejam, com mão rapace
desta videira alguns cachos tirares,
há-de nascer-te, embora o queiras negar,
um figo,[132] pelo cipreste em ti bem enfiado.

50
Quando, pobre, Telesino amizades puras cultivava,
   vagueava, nojento, na togazita regelada;
desde que a cortejar se pôs panascas indecentes,
   prata, mesas, herdades só ele compra agora.
Queres tornar-te rico, Bitínico? Entra na súcia.
   Nada ou muito pouco os beijos puros te darão.

51
Já que amiúde, Luperco, dás banquetes sem mim,
   encontrei o modo de te tramar.
Ofendo-me: podes até mandar convites e emissários e súplicas...
   'Que vais fazer?' – perguntas. Que vou fazer? Aceitar.

52
À infância arrebatado, neste túmulo jaz
   Pantágato, de seu senhor cuidados e dolor.
Com leve toque da lâmina, a cortar cabelos errantes
   e a escanhoar faces peludas, ele era um primor.
Por muito que sejas, ó terra, como deves, suave e leve,[133]
   mais leve não podes ser que a sua mão de artista.

53
Tomou banho connosco, alegre jantou, e mesmo assim,
   de manhã, foi encontrado morto Andrágoras.
A causa de tão repentina morte, Faustino,[134] queres sabê-la?
   Em sonhos vira Hermócrates, o médico.[135]

---

[132] V. n. a I 65, 4.
[133] V. n. a V 34, 10.
[134] V. n. a I 25, 1.
[135] Mais um médico nefasto: basta sonhar com ele para se morrer. V. n. a I 30, 1. Bocage, que tanto satirizou também os médicos nos seus *Epigramas*,

54

Se dizer 'grossos' e 'grossas' a Sextiliano
 proíbes, Aulo,[136] o infeliz a custo três palavras vai juntar.
'Que quer ele?' – perguntas. Vou dizer-te o que suspeito:
 é de grossos e de grossas que Sextiliano gosta.[137]

55

Tu, que andas sempre de canela e cinamomo
enegrecido e do ninho da ave magnífica[138]
e cheiras aos vasos de chumbo de Níceros,[139]
ris-te de nós, Coracino, porque a nada cheiramos:
em vez de cheirar bem, prefiro a nada cheirar.[140]

56

Por teres as pernas eriçadas de cerdas e o peito de pêlos,
 julgas, Caridemo, enganar a tua fama?
Arranca lá, crê em mim, os pêlos do corpo inteiro,
 e trata de provar que depilas as tuas nádegas.
'E porquê?' perguntas tu. Sabes que muitos falam muito:
 fá-los pensar, Caridemo, que apenas levas no cu.

57

Finges ter cabelos, Febo,[141] simulados com pomada,
 e da cabeleira pintada se cobre a careca suja.
Não precisas de ter um barbeiro prà cabeça:
 uma esponja, Febo, rapa-ta mais depressa.

---

 escreveu entre outras esta quadra: *Trouxe-se à pobre doente / um récipe singular. / Morreu do récipe? Não: / só da tenção de o tomar.* (Epig. 51).

[136] V. n. a I 31, 2.

[137] Subentenda-se *draucos* 'homens sexualmente bem dotados' e *mentulas* 'órgão sexual masculino'.

[138] A fénix (v. n. a V 7, 2). O seu ninho era feito de plantas aromáticas, como a canela e o cinamomo (cf. Plínio, *História Natural* X 4).

[139] Perfumista da época de Marcial, tão afamado como Cosmo (v. n. a I 87, 2).

[140] Cf. II 12; III 55.

[141] O nome é escolhido com subtil ironia. Febo é epíteto de Apolo, o deus de grande beleza, particularmente pela sua longa e formosa cabeleira (cf. IV 45, 8).

58

Enquanto te deleita, Aulo,[142] avistar as ursas da Parrásia,[143]
   e bem de perto, te avizinhar dos astros do pólo gético,
oh, quase arrebatado a ti para as águas estígias,[144]
   como eu vi as nuvens torvas das praias elísias![145]
A luz de meus olhos buscava, cansada embora, o teu rosto
   e a minha língua gelada repetia amiúde 'Pudente'.
Se as fiandeiras irmãs,[146] negros me não trouxerem
   os fios, e esta voz não achar, ensurdecidos, os deuses,
comigo salvo, tu, salvo, às cidades do Lácio voltarás,
   e o grau de primipilo, como ilustre cavaleiro, tu o receberás.

59

E lamenta-se e queixa-se de que o frio não vem
   Bácara, por causa das suas seiscentas peliças[147]
e deseja o tempo escuro e os ventos e as neves,
   e odeia, se amornecem, os dias de inverno.[148]
Que mal te fizeram, cruel, as nossas lacernas[149]
   que uma brisa leve pode arrancar dos ombros?
Quanto mais simples não era, quanto mais humano,
   até no mês de agosto vestir essas peliças!

60

Louva, ama, canta a minha Roma os meus livros,
   e todos os regaços e todas as mãos me levam.
Mas cá está um que cora, empalidece, pasma, boceja, odeia.
   Óptimo! Agora, sim, me agradam os meus versos.

---

[142] V. n. a I 31, 2 e 3. A carreira militar de Pudente leva-o agora para o território dos Getas, junto ao Danúbio.

[143] V. n. a IV 11, 3.

[144] V. n. a I 78, 4. Cf. VI 47.

[145] V. n. a I 93, 2.

[146] V. n. a I 88, 9.

[147] A *gausapina* era um abafo feito de um tecido grosso de lã, com muito pêlo, também usado em coberturas de leitos e em tapetes (Cf. XIV 145; 147; 152).

[148] Mais um novo-rico desejoso de exibir o seu luxo (cf. II 16; V 79).

[149] V. n. a II 43, 7.

61

Pompulo conseguiu, Faustino:[150] vai ser lido
  e por todo o mundo se espalhará o seu nome.
'Assim perdure a raça volúvel dos flavos Usípetes,[151]
  e quem quer que não ame o domínio ausónio.'[152]
Têm engenho, dizem, os escritos de Pompulo:
  mas, acredita, tal favor à fama não basta.
Quantos bons autores nutrem traças e baratas
  e só os cozinheiros compram versos eruditos![153]
É um não sei que mais que torna imortais os escritos:
  um livro para viver é mister que tenha génio.

62

O seu filho único perdeu-o o pai Salano:
deixas de lhe enviar presentes, Opiano?
Oh! impiedade crua e funestas Parcas![154]
De qual abutre vai ser este cadáver?

63

Sabes que és caçado, sabes que quem caça[155] é ávido,
  e sabes, Mariano, o que quer quem anda à caça.
Mas nas tábuas derradeiras,[156] tu, palerma, como herdeiro
  o inscreves e queres, desvairado, que ele ocupe o teu lugar.
'É que mandou grandes presentes'. Mas mandou-os no anzol;
  e ao pescador, poderá amá-lo o peixe?
Vai chorar com dor sincera este tipo a tua morte?
  Se queres que ele chore, Mariano, dá-lhe zero.

---

[150] V. n. a I 25, 1.

[151] Povo germano que habitava junto ao Reno, inconstante nas alianças que estabelecia.

[152] Isto é: oxalá aconteça às obras de Pompulo o mesmo que aos inimigos de Roma.

[153] V. n. a III 2, 5 e IV 86, 8.

[154] V. n. a I 88, 9.

[155] Subentenda-se 'heranças'...

[156] As tabuinhas em que se registava o testamento.

64

Não és tu oriundo do ramo austero dos Fábios,
nem sais àquele que, quando o almoço levava a Cúrio que lavrava
a esposa deu à luz, sem contar, sob frondosa azinheira;[157]
mas de um pai ao espelho depilado[158] e de uma mãe de toga[159]
és filho, e a tua esposa te podia chamar esposa.
A corrigir os meus epigramas, que já a fama conhece,
te atreves, e a censurar afortunados poemetos.
Estes poemetos, digo-te eu, dar-lhes ouvido inteiro
não desdenham os primeiros da cidade e do foro,
e são dignos das estantes do imortal Sílio,[160]
e amiúde os recita Régulo[161] de voz eloquente,
e Sura, que vê de perto os desafios do grande circo
e é vizinho de Diana Aventina,[162] os louva,
e até o chefe supremo, sob o enorme fardo do governo,
César em pessoa,[163] não os desdenha folhear duas ou três vezes.
Mas tu és mais esperto, a arte da lima[164] mais que Minerva[165]
tens arguta, e a finura de Atenas[166] moldou o teu sentir.
Raios me partam, se maior gosto não tem o animal
de larga pança e de enormes patas:
a velha carcaça de pulmões roxos e terror para o nariz,
que um cruento carniceiro leva por todas as encruzilhadas.[167]

---

[157] Tanto os *Fabii* como os *Curii* são famílias romanas muito antigas, aqui evocadas pelos seus 'pergaminhos' e como símbolo de austeridade e costumes de antanho. A referência específica ao 'Cúrio que lavrava' é a Cúrio Dentato (v. n. a I 24, 3).

[158] V. n. a II 29, 6.

[159] V. n. a I 35, 9; II 39, 2.

[160] V. n. a IV 14, 1.

[161] V. n. a I 12, 8 e VI 38, 6.

[162] V. n. a I 49, 40. Sura habita no Aventino, junto ao templo a Diana, e de sua casa vê o vale entre o Aventino e o Palatino onde fica o Circo Máximo, podendo, pois, acompanhar comodamente as corridas.

[163] Domiciano, claramente no topo da pirâmide dos 'primeiros da cidade e do foro'.

[164] V. n. a V 80, 12.

[165] A deusa da razão, das artes, da literatura, da inteligência. Não é por acaso que Horácio (*Sat.* II 2, 3) diz ser de uma *crassa Minerua* alguém que tinha a 'inteligência espessa'.

[166] O símbolo da cultura, da excelência do espírito.

[167] Para conduzir os animais abatidos ao mercado.

Ousas então contra mim escrever, e ninguém os vai ler,
uns versitos, e deitar a perder o papiro infeliz.
Ora se algo a minha bílis em ti marcou a fogo,
viverá agarrado a ti e ler-se-á no mundo todo,
nem Cínamo, com malas-artes, te há-de apagar a marca.[168]
Mas tem piedade de ti e, com o desvario da língua raivosa,
não ataques o fumegante nariz de um urso vivo.
Embora seja manso até lamber dedos e mãos,
se a dor e a bílis, se a justa cólera o obrigar,
será urso: vai cansar os teus dentes numa pele esvaziada
e procurar carne calada que a roer te aguentes.

65

'Fazes epigramas em hexâmetros'[169] sei que Tuca o diz.
   É costume, Tuca: e ao cabo, Tuca, é permitido.
'Mas este é longo'.[170] Também é costume, Tuca, e permitido.
   Se os mais breves aprecias, que só os dísticos tu leias.
Acordemos entre nós que aos epigramas longos
   Passá-los, é direito teu; escrevê-los, Tuca, é meu.

66

Uma rapariguinha não muito bem afamada,
igual às que estão sentadas no meio da Suburra,[171]
ainda há pouco a vendia o leiloeiro Geliano.
Esteve muito tempo licitada a baixo preço.
Querendo a todos mostrar o quanto ela era pura,
contra si a apertou enquanto ela se esquivava,
e duas e três e quatro vezes a beijou.
O que com o beijo ganhou, é o que queres saber?
Quem seiscentos dava há pouco, agora os retirou.

---

[168] Deve tratar-se de alusão a um 'cirurgião plástico' da época, hábil em disfarçar cicatrizes ou estigmas de servidão.

[169] Como por exemplo o anterior, que ainda por cima é demasiado extenso. Ambas as características não eram canónicas no epigrama, mas Marcial, uma vez mais, sente-se no direito de aplicar as suas próprias regras.

[170] Cf. I 110 e III 83. Também aí há queixas de uns certos Veloz e Cordo pela desmesurada extensão dos epigramas de Marcial. E também aí os poemas vêm imediatamente a seguir a composições particularmente extensas. Cf. ainda II 77.

[171] V. n. a II 17, 1.

67
Porque é que a tua Célia tem tantos eunucos, queres saber,
  Pânico? Célia quer ser fodida, não quer parir.[172]

68
Chorai vossa impiedade, mas chorai no Lucrino[173] inteiro,
  ó Náiades, e que mesmo Tétis[174] vossos lamentos sinta.
Arrebatado entre as águas de Baias, um menino morreu,
  aquele teu Êutico, Cástrico, teu doce braço direito.
Ele, companheiro de teus trabalhos e meiga consolação,
  ele, a dedicação, ele, do nosso vate, era o Aléxis.[175]
Acaso, nu, sob as águas cristalinas, com olhos lascivos,
  a ninfa te viu e a Alcides devolveu Hilas?[176]
Será que a deusa já desdenha o Hermafrodito feminil,[177]
  seduzida pelo abraço de um varão de tenra idade?
Seja lá o que for, qualquer que seja a causa deste repentino rapto,
  suave te seja, eu rogo, quer a terra, quer a água.[178]

69
Não me admiro que beba água[179] a tua Bassa, Catulo:
  admiro-me é que a filha de Bassa beba água.[180]

---

[172] V. n. a VI 2, 6.
[173] V. n. a I 62, 3.
[174] V. n. a *Spect.* 30, 8. As Náiades são as ninfas de rios, nascentes ou lagos.
[175] V. n. a V 16, 10.
[176] V. n. a V 48, 5. Marcial põe hipóteses para explicar o afogamento de Êutico: a ninfa do lago viu-o, apaixonou-se de imediato e, por isso, desinteressou-se de Hilas e devolveu-o a Héracles.
[177] A ninfa Sálmacis viu um dia o belíssimo jovem Hermafrodito, filho de Hermes e Afrodite, tomar banho, nu, no seu lago. Apaixonada, tentou tudo para se unir a ele, mas o jovem rejeitou-a. Então entrou na água e abraçou-se a ele, desesperada, pedindo aos deuses que os corpos de ambos nunca se separassem. Os deuses atenderam-na e os corpos uniram-se num só, com os dois sexos. Com a alusão a este mito, Marcial sugere que também Sálmacis se cansou do seu amado e o substituiu por Êutico.
[178] Também este epicédio termina com eco da fórmula funerária comum, aqui alargada para contemplar as águas que foram sepultura do favorito de Cástrico (v. n. a V 34, 10).
[179] Cf. II 50.
[180] Tal mãe, tal filha.

70

Sessenta colheitas, Marciano,
completou Cota e, julgo, mais duas,
e nunca o fastio do leito febril
se lembra um só dia de ter suportado,
estende um dedo, e logo o obsceno,[181]
a Álcon e a Dásio e a Símaco.[182]
Ora contemos bem nossos anos
e quanto as cruéis febres nos têm roubado,
ou doenças graves ou terríveis dores,
dos melhores dias os separemos:
somos crianças, velhos parecemos.
A idade de Príamo e de Nestor,[183]
quem, Marciano, julga que é extensa
anda muito iludido e no erro perdido.
Vida não é viver, mas saúde vender.

71

A assumir gestos sensuais com castanholas béticas
   e a imitar os gaditanos ritmos[184] é mestre;
de ao trémulo Pélias[185] dar tusa e de o marido de Hécuba[186]
   excitar, junto à pira de Heitor, é capaz;
Teletusa abrasa e tortura o marido anterior:
   vendeu-a como escrava, por senhora a compra agora.

---

[181] V. n. a II 28, 2.
[182] Nomes de médicos (cf. V 9, 2 e 4; VII 18, 10; XI 84, 5).
[183] V. n. a II 64, 3.
[184] V. n. a I 41, 12.
[185] O tio de Jasão, rei de Iolco. Para se ver livre do sobrinho, que poderia tomar-lhe o trono, intimou-o a proceder à expedição dos Argonautas, para conquistar o Velo de Ouro. No regresso, Medeia (v. n. a III 58, 16) convenceu as filhas de Pélias a cortarem o pai em pedaços e a cozerem-no numa poção supostamente mágica, que devolveria ao já muito velho e trémulo rei a juventude e o vigor. Obviamente, a vingança foi conseguida.
[186] O velhíssimo Príamo. Heitor era filho de ambos e morreu às mãos de Aquiles. Foi Príamo quem teve de pedir ao herói grego o cadáver do filho, que Aquiles aviltava ante os olhos dos Troianos, para lhe dar condigna sepultura. A imagem pungente desse rei, envelhecido e digno, comoveu Aquiles, que se lembrou do próprio pai. Mas a Marcial serve como exemplo extremo da incapacidade de se excitar sexualmente que, com suas artes, Teletusa venceria.

Livro VI

72
Ladrão de rapinanço assaz notório,
um cilício queria pilhar um jardim:
só que, Fabulo, no enorme jardim,
nada mais havia que o Priapo marmóreo.[187]
Como não queria de mãos vazias voltar,
o cilício deitou a mão ao próprio Priapo.

73
Não me fez a tosca foice de inculto camponês,
    mas é do intendente a obra ilustre que aqui vês.
Do campo de Cere[188] o mais rico agricultor
    possui estas colinas, Hílaro, e, alegres, as encostas.
Vê que nem de pau pareço, com o meu rosto bem traçado;
    nem é votada ao fogo a arma genital que empunho,
mas de cipreste eterno que morrerá jamais,
    tenho um caralho duro, da mão de Fídias[189] digno.
Vizinhos, vos aviso, venerai a São Priapo
    e tratai de respeitar as duas vezes sete jeiras.

74
O que está deitado no último lugar do médio leito,[190]
com os três cabelos da calva alinhados com pomada,
e escarafuncha a larga boca com uma haste de aroeira[191]
está a fingir, Efulano: o tipo nem dentes tem.

75
Quando me envias um tordo ou uma fatia de bolo,
    ou uma coxa de lebre ou algo do género,

---

[187] V. n. a I 35, 15. Este epigrama e o seguinte incluem-se nos chamados *Priapeia*.

[188] Cidade da Etrúria.

[189] V. n. a III 35, 2.

[190] No *triclinium*, os convivas distribuíam-se por três *lecti* (v. n. a II 37, 9): o *lectus summus*, o *lectus medius*, o *lectus imus*. Em cada leito havia três lugares (*locus summus, locus medius, locus imus*). O lugar da pessoa mais importante era precisamente aquele onde se alapou o pedante que é alvo da crítica de Marcial: o *locus imus* do *lectus medius*.

[191] Também chamado lentisco. Servia de palito (v. n. a III 82, 9).

dizes que enviaste, Pôncia, os melhores bocados.
Estes não vou oferecer, Pôncia,[192] nem os vou comer.[193]

76

Aquele guarda-costas do sacro Marte de toga,[194]
  a quem confiado foi o campo do supremo chefe,
Fusco[195] aqui está enterrado.[196] Podemos, ó Fortuna, proclamar:
  não teme já esta pedra as ameaças inimigas.
O Dácio na cerviz domada recebeu o jugo forte
  e a sombra vencedora tem a servi-la um bosque.[197]

77

Já que és tão pobre que nem o desgraçado Iro,[198]
  tão jovem que nem Partenopeu[199] o era,
tão forte que nem Artemidoro vencedor:[200]
  em onerar seis capadócios, que prazer tens tu?[201]
És gozado, Afro, e muito mais apontado,
  do que se no meio do foro te passeasses nu.

---

[192] V. n. a II 34, 6. Cf. IV 43, 5 e Juvenal VI 638.

[193] Cf. IV 69.

[194] O imperador, na sua dupla função de chefe supremo do exército e do Estado.

[195] Cornélio Fusco. Prefeito da guarda pretoriana, foi escolhido por Domiciano para comandar a 2ª campanha contra os Dacos, que haviam vencido e morto o legado Ópio Sabino, e invadiu a região cheio de confiança. Mas, porque temerariamente avançou por região que desconhecia, foi encurralado com as suas tropas pelo inimigo: quase todos os homens foram mortos, e com eles o seu comandante. Foi a maior derrota militar do principado de Domiciano e uma das maiores sofridas por Roma. Marcial, como é de esperar, só se refere a tal desgraça alguns anos depois, no momento em que os Dacos foram derrotados e castigados pela afronta ousada contra os Romanos, numa vitória que nem todos consideraram completa nem verdadeiramente honrosa (v. n. a V 3 e VI 10, 7).

[196] Fórmula dos epitáfios: *hic situs est*, geralmente abreviado *H.S.E.*

[197] O local onde as tropas de Fusco, encurraladas, foram dizimadas e o seu general tombou.

[198] V. n. a V 39, 9.

[199] Um dos Sete contra Tebas, jovem e muito belo.

[200] Tito Flávio Artemidoro, vencedor do pancrácio na 1ª celebração dos Jogos Capitolinos (v. n. a IV 1, 6), em 86.

[201] Se é pobre, como pode andar de liteira de gente rica? Se é jovem e forte, para que precisa de que o transportem? Afro, cujo nome revela a sua origem servil, é mais um dos que vivem de aparências.

Outra figura não faz Atlas[202] com um macho por companheiro,
e o paquiderme negro que leva um líbio de igual cor.[203]
Queres saber quanto ódio te acarreta essa liteira?
Nem morto deves ser levado numa liteira de seis escravos.[204]

78
Notável copofone, ó Aulo, de um olho
era cego Frige, e do outro remeloso.
O médico Heras lhe diz:'Tem cautela: não bebas:
se vinho tu beberes, ficarás sem nada ver.'
Ri-se Frige e ao olho diz:'Adeus!'.
Copos de onze cíatos,[205] logo misturar
mandou, e repetidos. Queres saber o resultado?
Frige bebeu vinho, o olho bebeu veneno.

79
És triste e afortunado. Não o saiba a Fortuna.
  Ingrato te chamará, Lupo, se o vier a saber.

80
Como presente inédito, a terra do Nilo a ti, César,
  rosas de inverno com orgulho te enviara.
Dos jardins de Faro[206] troçou o navegante de Mênfis,
  mal da tua cidade as entradas franqueou:
tal o encanto primaveril e o favor da fragrante Flora[207]
  e do campo de Pesto[208] tal era o ornamento;

---

[202] Atlas era um dos Gigantes que se revoltaram e combateram contra os deuses. Zeus deu-lhe como castigo eterno o ter de sustentar sobre os ombros a abóbada celeste. Aqui é evocado pelo ridículo e insólito de um seu eventual passeio em cima de um pobre e pequeno muar.

[203] Outro espectáculo inusitado que atrairia as atenções dos transeuntes (ou, segundo alguns, dos assistentes a farsas e palhaçadas frequentes em espectáculos para entreter o povo).

[204] Para o que ele vale e com as invejas que desperta, quando morrer será levado numa *sandapila* (v. n. a II 81, 2) e não num *hexaphoron*, a liteira transportada por seis carregadores.

[205] V. n. a III 82, 29.
[206] V. n. a III 66, 1.
[207] V. n. a VI 27, 1.
[208] V. n. a IV 42, 10.

que, onde quer que, ao andar, deitasse os olhos errantes,
   todo o caminho floria de grinaldas aparadas.
Tu ao inverno romano deves dar a palma agora:
   tuas colheitas envia, mas aceita, Nilo, as rosas.[209]

81

Pareces irado com o povo, Caridemo, ao tomar banho:
   por toda a banheira mergulhas os genitais.
Não gostaria, Caridemo, que a cabeça aqui lavasses.
   E eis que lavas a cabeça...[210] Que laves os genitais prefiro.

82

Um tipo que há pouco, Rufo, atento me inspeccionou,
como comprador ou mestre de gladiadores,
quando me fitou com os olhos e o dedo,
'Tu... tu não és', exclamou, 'aquele Marcial
cuja malícia e graça é bem conhecida
de quem de um batavo não tenha o ouvido?'[211]
Sorri com modéstia, e com leve aceno,
não neguei que era quem ele dissera.
'Então porque é', objectou, 'que tens um mau capote?'[212]
Eu lhe respondi: 'Porque sou mau poeta.'
Para que mais amiúde tal não suceda ao poeta,
manda-me lá, Rufo, um capote dos bons.

83

Quanto ao cuidado de Etrusco[213] deve a sorte de seu pai,
   tanto, supremo chefe, um e outro a ti devem.

---

[209] V. n. a V 13, 7. Quanto às rosas, que até aí chegavam a Roma, no Inverno, vindas do clima mais quente do norte de África, já não é preciso que as exportem: a produção da própria península itálica chega para o abastecimento da capital (cf. XIII 127). No séc. I desenvolveu-se muito a técnica de produção em estufa de flores e vinha (cf. VIII 64).

[210] Cf. II 42 e 70.

[211] Os Batavos eram um povo que habitava de ambos os lados do Reno. Mas aqui parecem representar apenas os 'povos bárbaros', de ouvido incapaz de apreciar a poesia de Marcial, afinal um 'ouvido' oposto ao 'ático' de IV 86, 1.

[212] Uma *lacerna* (v. n. a II 43, 7).

[213] Trata-se do Cláudio Etrusco que dotou Roma das esplêndidas termas louvadas em VI 42. Seu pai era um liberto de Tibério que Vespasiano elevara à

Livro VI

Os raios recolheste já por tua mão lançados:[214]
quem dera assim procedesse também o fogo de Jove.
Se fosse o teu, ó César, o carácter do Tonante,[215]
uso inteiro do raio bem raro a mão faria.
Este teu duplo favor o pode atestar Etrusco:
coube-lhe ser acompanhante e recondutor.[216]

84

Numa liteira, Avito,[217] de oito escravos, Filipo, são, se faz levar.
Se crês que ele está são,[218] Avito, estás tu a delirar.

85

Eis que sem ti, Camónio Rufo, o sexto livro é editado,
e já não espera, meu amigo, ter-te por leitor.
A nefanda terra dos Capadócios, sob génio funesto
por ti visitada, devolve a teu pai as cinzas e os ossos.
Derrama lágrimas Bonónia[219] privada do teu Rufo,
e que ressoe o pranto por toda a Emília.
Ai quanta piedade a sua! Ai como morreu, com tão pouca idade!
Vira os prémios do Alfeu[220] pela quinta vez há pouco.
Tu costumavas de cor desfiar os meus gracejos.

---

dignidade de cavaleiro. Foi *a rationibus* (espécie de 'ministro das finanças') de Vespasiano, Tito e Domiciano. No entanto, por motivos desconhecidos, caiu em desgraça e foi exilado na Campânia. Cláudio Etrusco acompanhou o pai no exílio e, durante os anos em que aí permaneceram, fez tudo o que estava ao seu alcance para que o imperador perdoasse seu pai. É esse perdão, finalmente conseguido, que Marcial aqui celebra.

[214] Os raios são arma de Júpiter (= Jove): com eles atinge os que quer castigar. Domiciano surge aqui completamente identificado com o pai dos deuses, mas bastante mais clemente e generoso.

[215] V. n. a V 55, 1.

[216] Do pai, ao trazê-lo de volta a Roma, conseguindo-lhe o perdão.

[217] V. n. a I 16, 2.

[218] Jogo com o duplo sentido de *sanus*: 'que goza de saúde' (v. 1) e 'são de espírito' (v. 2). Cf. VI 77.

[219] Actualmente, Bolonha. Era a *uia Aemilia* (v. 6) que dava acesso à Gália Cisalpina e, por isso, conduzia a *Bononia*.

[220] O rio que corre junto a Olímpia. Logo, Camónio acabara de completar vinte anos. A sua ida para a Capadócia, onde morreu, ter-se-á com certeza devido a funções militares.

Tu, Rufo, costumavas reter minhas piadas por inteiro.
   Aceita com triste pranto o breve canto de um amigo
   e toma-o qual incenso[221] deste que está ausente.

86

Ó vinho de sécia[222] e neves[223] da senhora[224] e frequentes taças cheias,
   quando beber vos poderei sem proibição do médico?[225]
É parvo e ingrato e de tão grande dom indigno,
   quem do rico Midas[226] prefere ser herdeiro.
Possua colheitas líbias[227] e o Hermo[228] e o Tago[229]
   mas beba água quente,[230] quem tem de mim inveja.

87

Os deuses e tu, César, o que mereces te dêem:
   os deuses e tu me dêem, se o mereci, o que eu quero.

88

Por teu nome te saudei, de manhã, por engano,
   e não te chamei meu senhor,[231] Ceciliano,
Queres saber quanto custa tamanha liberdade?
   Um cento de quadrantes[232] a mim ela roubou.

---

[221] O epicédio que Marcial compõe como última homenagem ao amigo querido, que alguns anos depois ainda lhe toca o coração em triste e saudosa lembrança (cf. IX 74; 76), substitui as honras fúnebres que, por ele ter morrido longe de Roma, o poeta não lhe pôde prestar, e que o 'incenso' evoca (fazia parte dos ritos funerários queimar incenso e perfumes na pira).

[222] V. n. a IV 64, 34.

[223] V. n. a II 1, 10.

[224] Alusão a uma protectora de Marcial, talvez Violentila, mulher de Estela (cf. VI 21).

[225] Recuperado da doença (cf. VI 47), Marcial deseja poder retomar os hábitos de outrora.

[226] O rei da Frígia que teve a insensatez de pedir a Dioniso, que lhe oferecia a realização de um desejo, que tudo aquilo em que tocasse se transformasse em ouro.

[227] O cereal do norte de África. V. n. a V 13, 7.

[228] Rio da Lídia que se dizia ter ouro nas suas águas.

[229] V. n. a I 49, 15.

[230] E não o vinho, mas só a água quente com que se 'cortava'.

[231] V. n. a V 57, 1.

[232] O valor da espórtula (v. n. a III 7, 1).

89

Ao pedir, já a meio da noite, um serôdio bacio,
　com um estalar de dedos, o borracho Panáreto,
uma jarra de Espoleto[233] lhe foi dada, que ele mesmo despejara,
　e toda uma jarra a ele só não bastara.
Medindo o vinho seu do vaso com toda a precisão,
　devolveu ao garrafão o seu peso completo.
Admiras-te de a jarra conter tudo o que ele bebera?
　Pára de te admirar, Rufo: ele bebera vinho puro.

90

Quanto a amante, Gélia só tem um.
O que é mais repugnante: é esposa dos dois.[234]

91

A santa censura[235] do supremo chefe repudia e proíbe
　o adultério.[236] Alegra-te, Zoilo: tu até nem fodes.[237]

92

Tu que tens, Aniano, gravada,
com arte de Míron,[238] uma serpente na taça,
bebes vinho vaticano:[239] o que bebes é veneno.

93

Cheira tão mal Taís[240] que nem de um tintureiro avaro
　fede assim o velho bacio,[241] no meio da rua quebrado há pouco,
nem bode que foi chegado, nem a boca de um leão,

---

　[233] Cidade da Úmbria. O vinho que aí se produzia não era de grande qualidade (cf. XIII 120; XIV 116).

　[234] É bígama. Ter só um amante é ser-lhe fiel, como a um marido.

　[235] V. n. a I 4, 7.

　[236] V. n. a VI 2, 1.

　[237] Não és, portanto, abrangido pela lei e suas sanções.

　[238] Escultor e cinzelador eminente do séc. V a.C.

　[239] V. n. a I 18, 2. O veneno do péssimo vinho quase parece destilado pela serpente gravada com tanto realismo na taça. Cf. III 35 e 40.

　[240] Tal como a Bassa de IV 4...

　[241] O *fullo* branqueava as roupas mergulhando-as em urina (v. n. a II 29, 4). Pelas ruas havia vasilhas onde os transeuntes podiam urinar e que depois eram recolhidas pelos tintureiros. O imperador Vespasiano, que era muito hábil em

nem a pele transtiberina[242] esfolada de um cão,
nem um pinto a apodrecer dentro de um ovo gorado,
   nem o garo[243] inquinado numa ânfora estragada.
Para trocar por outro cheiro este fedor, dissimulando,
   sempre que, sem o vestido, para os banhos se encaminha,
verdeja com depilatório[244] ou na capa da acre greda[245] se esconde,
   ou com pomada de fava[246] três e quatro vezes se cobre.
Quando por mil ardis bem segura se julgou,
   quando já tudo tentou, Taís cheira… a Taís.

94
Serve-se sempre Calpetano em pratos de ouro cinzelados,[247]
   quer ele jante fora ou em casa, na cidade.
E assim janta na estalagem, assim janta no campo.
   Não tem outra coisa então? Não tem é nada de seu.[248]

---

arranjar dinheiro para o erário, lembrou-se de aplicar um imposto sobre esse donativo que os aflitos passeantes até aí concediam gratuitamente aos industriais de lavandaria.
   [242] Na outra margem do Tibre ficavam as lojas dos curtidores de peles.
   [243] V. n. a III 77, 6.
   [244] V. n. a III 74, 1.
   [245] A 'maquilhagem' que dava cor clara.
   [246] V. n. a III 42, 1.
   [247] Os *chrysendeta* (v. n. a II 43, 11).
   [248] Ou seja: os pratos que tem em sua casa não lhe pertencem.

Índice

Nota prévia 7

Introdução 9

Livro IV 19

Livro V 59

Livro VI 101

Impressão e acabamento
da
CASAGRAF - Artes Gráficas Unipessoal, Lda.
para
EDIÇÕES 70, LDA.
Novembro de 2000